语文杂记

附《未晚斋语文漫谈》

吕叔湘 著

生活·读书·新知 三联书店

写在前面

吕叔湘先生（1904—1998）是语言学家、语文教育家、翻译家。他从事语文教学与研究七十余年，撰写专著和编译著作近二十种，论文和其他文章六百余篇；内容涉及一般语言学、汉语研究、词典编纂，文字改革、语文教学等广泛领域。

在为数不多的关于语言学通俗易懂的普及读物中，吕叔湘先生的《语文常谈》和《语文杂记》是一直为人称道的。虽历经数十年，这些文字读来仍饶有兴味。它们的篇幅，与宏篇巨著相比，算是两本很小的"小书"，但表现了高屋建瓴的大家风范。大家写小书，对作者而言是厚积薄发；对一般读者来说，可能更具有实际效用。

《语文杂记》的写作，延续了几十年的时间。

早在上世纪40年代，吕叔湘先生就致力于语言的规范性研究，认为说话和写文章有着相互的影响，要"耳濡"和"目染"交相为用，写文章更要多推敲，避免许多人说话的毛病。同时，他对已经发表的文章中的遣词造句、标点符号，不时耐心地指点一二。据说他有一个习惯，平时读报、听广播时，一发现问题就立即记录下来，日后写成短文，发表在各种报刊上，教大家怎样说话，怎样写文章，怎样正确地表达。

20世纪80年代，中国社会的转型，也促使语言随之发生转化而变得复杂、活跃。吕叔湘先生常常对社会上流传的种种"不正规"的语言发表看法，以维护语言文字的纯洁性。1988年，他将几十年间写下的112篇随笔、札记辑录成册，名为《语文杂记》出版。

其中，最初的80篇曾印于1955年版的《汉语语法论文集》中，80年代初所写的42篇曾收入《语文近著》。

《语文杂记》针对许多常见的问题，以随笔形式做了深入浅出的讲解。中国古代有讲究用典的传统，但现代人对于这些典故常常是只知其然，不知其所以然。比如"将无同"是什么意思？"莫须有"指的是什么？我们常说的"一不作，二不休"意思是"不作不休"吗？为什么还要安上个"一"和"二"呢？我们日常生活司空见惯了的一些说法是否就是正确的？报刊上经常能够见到的"情况基本属实"的说法对吗？口语表达与书面语有什么不同？文学和语言有什么样的关系……虽然每篇札记一般只有几百字，但涉及面广，包括语法、语义、修辞、正误等方面。吕叔湘先生在自序称"其中有些篇是仅仅起了个头，要深入下去还有大文章可做"。

本次出版的《语文杂记》，还收入吕叔湘先生的另一部"小书"——《未晚斋语文漫谈》(1991)。书中的文章，最初是为《中国语文》杂志所写，共计29篇。这些文章亦同《语文杂记》中的文章一样，海阔天空，无拘无束，有话则长，无话则短。将二者置于一书，想必会得到读者的首肯吧。

生活·读书·新知三联书店

2008 年 8 月

目　次

语文杂记

未晚斋语文漫谈

语文杂记

序

四十年前写过十几篇札记，主要是一些词语的考释，后来稍加选择，印在《汉语语法论文集》（1955 年）里。以后很长一段时间里没有写同类的札记，只写了几个谈语法的短篇。四年前为了《中国语文》补白的需要，又开始写些零碎文字，用笔名发表，不知不觉有了五六十篇。这些即兴式的札记，一般只有几百字，内容是多方面的、语法、语义、修辞、正误，有什么写什么。其中有些篇是仅仅起了个头，要深入下去还大有文章可做。此外，最近还写了一些序跋和其他性质的短篇。今年夏天把这四十年间写下来的这些小玩意儿过了过筛，留下八十篇作为一集出版，一方面就正于读者，一方面也希望能起些抛砖引玉的作用。语言学的大厦不但需要有高明的工程师搞设计，也需要有很多辛勤的工人添砖加瓦。只以几张蓝图为满足是无异于画饼充饥的。

吕叔湘

1983 年 9 月 7 日

后序

从 1983 年到 1987 年又陆陆续续写了杂记性质的文章四十多篇，在报刊上发表之后，集印在 1987 年出版的《语文近著》里边。现在把它跟 1984 年印的《语文杂记》合在一起，仍然题为《语文杂记》。这两部分都取出了些篇，有的用到《文集》第四卷《语文散论》里去了，有的删去了。留下的共 112 篇。

这样随笔形式的文章今后会不会再写呢？很难说。年纪大了，精力差了，别的工作已经够我应付的，不大可能顾得上写这些个东西了。但是也很难说。窗明几净，偶得少闲，看报读书，忽有触发，于是欣然命篇，这样的事情也许还是会有的吧。还是不说定为好。

吕叔湘

1988 年 11 月 22 日

一　将无同

《世说新语·文学》篇云：

> 阮宣子有令闻，太尉王夷甫见而问曰："老、庄与圣教同异？"对曰："将无同。"太尉善其言，辟之为掾。世谓"三语掾"。①

阮宣子是阮脩，王夷甫是王衍。《晋书·阮瞻传》也记着这件事，说是阮瞻对王戎的话。到底是谁和谁说的且不去管他，只问这有名的三个字究作何解？

宋马永卿《懒真子》（丛书集成本卷5）里说：

> 仆尝与陈子直、查仲本论"将无同"。仲本曰："此极易解，谓言至无处皆同也。"子直曰："不然。晋人谓将为初，初

---

① 引书版本见《文集》第二卷《汉语语法论文集》后附"引书目录"。以下各篇同。

无同处，言各异也。"仆曰："请以唐时一事证之。霍王元轨与处士刘元平为布衣交。或问王所长于平。曰：'王无所长'。问者不解。平曰：'人有所短，则见所长。'盖阮瞻之意以谓有同则有异，今初无同，何况于异乎？此言为最妙，故当时谓之'三语掾'。"二子首肯之。

这三位的解说，查说以"无"作"虚无"解，虽然别致，未免把原文弄成像超等电报；陈说最老实，"无同"就是"各异"；马说也承认"无同"就是"无同"，可是嘴里说的是"无同"，心里想的是"无异"，又未免把一位晋朝名士说得像现代某些外交家了。

叶梦得的《玉涧杂书》（涵芬楼本《说郛》卷8）里也有一说：

阮裕对王敦"将无同"三语，人多不晓。此直言无同耳。"将"乃晋人发语之辞，如陶渊明诗"将非趣龄具"，谢灵运云"将不畏影者未能忘怀"之类。盖谓同生于异，周、孔、老、庄，本自无异而不同。

这也是认"将无同"作"无同"讲的，但说是因为无异故无同，和马永卿的无同即无异说有异曲同工之妙，都是应用正等于负、负等于正的逻辑的。(这位石林居士又说这句话是第三个姓阮的对第三个姓王的说的，也不知何所据。)

这几种说法的共同错误是把"无"字太看实了。"将无"是魏晋时人常用的一个熟语，如：

将无以德掩其言？(《世说新语》1.4)

如此，将无归？(又 3.21)

安石将无伤？(又 5.30)

将无从容切言之邪？(又 4.13)

吾不以王法贷人。将无后悔邪？(《晋书》61《荀晞传》)

此君小异，将无是乎？(又 98《孟嘉传》)

"将无"之外，又或作"将非"，如叶书引陶诗；或作"将不"，如叶书引谢灵运语(见《世说新语》1.33)，又如：

卿向言将不大伤切直？(《宋书》71《王僧绰传》)

又或不用否定词，单用将字，如：

此器既盖之，且有掩覆，无缘有此。黄门将有恨于汝邪？（《吴志》3《孙亮传注引江表传》）

卿僻于朋党，将为一病。（《北齐书》47《宋游道传》）

乃至《千家诗》里第一首大程夫子的"将谓偷闲学少年"的"将"字也还是这个"将"字。

刘淇《助字辨略》释"将无"为"无乃"，其实更相近的该是"得无"，如上引《晋书·孟嘉传》语又见《世说新语》（3.27），即作"得无"（但注引嘉别传作"将无"）。"得无"和"将无"都是表示测度而意思偏于肯定的词语，但"将无"除用于事实的测度外又可用于委婉的提议，如上引第二第四两例，它的用途似乎又较"得无"为广，而于唐宋人的"莫"和"莫须"为近。用现代的词语相比，该是"恐怕"或"别是"加"吧"字。"将无同"无非就是"恐怕没有什么两样吧"。这么一句稀松平淡的话会大见赏识，是有点不可解，无怪后来的人要在这三个字上大事穿凿了。

二　莫须有

"莫须有"是常常被人误解的一句话。《宋史·岳飞传》云：

> 狱之将上也，韩世忠不平，诣桧诘其实。桧曰："飞子云
> 与张宪书虽不明，其事体莫须有。"世忠曰："莫须有三字何以
> 服天下？"

这就是有名的"三字狱"。望文生训的人往往以为这句话等于
说"不须有"，和"子虚"、"乌有"差不多，而且就照这个意思来应
用，如 4 月 24 日（1944 年）成都《新新新闻》云："市面讹传二
十元、五十元的关金券已开始流通了，其实仍然是莫须有的
事情。"

但是这明明和《宋史》原文的语气不合，于是有别种解说。
如毕沅的《续资治通鉴》卷 124 考异即引《中兴纪事本末》作"必
须有"，这是一说。

俞正燮《癸巳存稿》卷 3 "莫"字条又提出"莫"字断句说，
略云："其事体莫"为一句，"须有"为一句。盖桧骄蹇，反诘世

忠，谓"其事体莫"，示若迟怀审度之，而复自决言"须有"。故世忠不服，横截其语，牵连为一句，言"莫须有"三字何以服天下，此记言之最工者也。并引《论语》"文莫，吾犹人也"，东坡与辨长老书"钟铭，子由莫，终当作，待更以书问之"，王巩《随手杂录》"既误莫，须放回"，范公偁《过庭录》"其人莫，未应至是否?"诸例为证。(以上皆依俞说断句)这又是一说。

俞理初解书，往往很精辟，能发前人所未发，惟独这个莫字断句说，和必须有说竟是半斤八两，同样的可笑，还要恭维韩世忠会做截搭题，真是冤哉枉也。推原其故，大概是把"莫"字当作和表语气停顿的"么"是一个字了。这实在是一种误会。"莫须"是宋人常语，如：

只朝廷推一宽大天地之量，许之自新，莫须相从?(《河南程氏遗书》52)

问：五峰所谓"天理人欲，同行异情"，莫须这里要分别否?(《朱子语类》117)

韩魏公有文字到朝廷，裕陵意稍疑。介甫在告，曾鲁公以魏公文字问执政诸公曰："此事如何?"清献赵公曰："莫须待介甫参告否?"(《曲洧旧闻》8.9)

不知如今本朝所须底事莫须应副得么?(《绍兴甲寅通和录》,《三朝北盟会编》162.7)

"莫须"就是现在的"恐怕"或"别是"之意。

用"莫"字作测度疑问之词,从南北朝直到现代。最早只用一个"莫"字,如:

莫要太子生否?(《稗海》本《搜神记》,中华书局印《搜神后记》76)

莫是在政别有异能?(同上 93)

此鸟莫是妖魅?(同上 108)

唐人仍以单用为常,如:

莫惊圣人否? 莫损圣人否?(《唐书》200《史思明传》)

有一"莫须"例:

上谓宰臣曰:"有谏官疏来年御含元殿事,如何? 莫须罢否?"(《因话录》1.8)

但似应把"莫"和"须"分开来讲,尚未融为一体。宋人也还有单用"莫"字的:

后莫有难否?(《景德传灯录》5.4)

某尚未行,监司莫可先归?(丁传靖编《宋人轶事汇编》571引《随手杂录》)

莫定要剥了绿衫?(《宋人轶事汇编》引《孙公谈圃》)

在"莫"后加否定词,似乎始于唐代,如:

公曰:"诸葛所止令兵士独种蔓菁者何?"绚曰:"莫不是取其才出田者生啖,一也;叶舒可煮食,二也……。"(《刘宾客嘉话录》8)

元、明以后就不单用"莫",也不说"莫是"和"莫须",只说"莫不是"和"莫非",甚至"莫非是"了。

三 一不作,二不休

"一不作,二不休"是旧时常用的一句成语。小时候读旧小说,常常碰着它,总当它"不作不休"即"非作不可"讲,倒也似乎讲得过去,也没有追究为什么要安上个"一"和"二"。后来学着更细心一点读书,才悟出这"一"和"二"是"最好"和"其次"的意思。果然在最近得了一个印证:唐赵元一撰《奉天录》(指海本)卷4云:"朱泚臣张光晟临死言曰:'传语后人:第一莫作,第二莫休。'"这句话在当时一定很有名,很快的传了出去。北宋的和尚已经拿它来当成语用,如《法演禅师语录》云"一不做,二不休,不风流处也风流"(《大正藏》47卷

652 页）。

这句话里的"作"字原来也不作普通"作为"讲，乃是"作贼"的省说。"作贼"就是造反。朱泚是德宗朝的叛臣，后来兵败穷促，部下将领杀了他去投降，张光晟是其中的一人，而终不免于一死，所以有"第一莫作，第二莫休"之语。要是广义的"作为"，天下尽多可作应作之事，怎么能一概说"第一莫作"呢？用"作"一字作造反讲，南北朝已经通行，如《宋书》卷72《巴陵王休若传》云："不解刘辅国何意不作？"《南齐书》卷26《王敬则传》，敬则谋反，问僚佐："卿诸人欲令我作何计？"丁兴怀曰："官只应作耳。"

同书卷四四《沈文季传》，唐寓之反，武帝闻之曰："鼠辈但作，看萧公雷汝头。"《隋书》卷65《赵才传》，宇文化及反，才于宴次劝与化及同谋逆者一十八人杨士览等酒，曰："十八人，止可一度作，勿复余处更为。"都是这个意义。宋朝人也用"做"表示造反，如："狄青，你这回做也。你只是董士廉碍得你，你今日杀了我，这回做也！"（《默记》，中华书局标点本12）直到南宋初，王俊出首岳飞，状中谓张宪曾对俊说："我待做，你安排着。待我交你下手做时，你便听我言语。"（《挥麈录·余话》第八一节）这个"做"字也还是"反"的意思。

四　结果

四十年前我写过一条札记讲"结果",发表在桂林《国文杂志》第3卷第3期上。近来翻检抄存的摘记,有材料可供补充和订正。现在先把原文抄在下面。

小时候读《水浒传》,常常看见"手起刀落,结果了他的性命",以为"结果"就是杀人的意思。要照字面讲,也未尝讲不通,"结果"就是"结局",性命的结局岂不就是死?

可是有不能这样讲的例子,大率在并非手起刀落的场合。如120回本《水浒》第21回:

阎婆道:"……我女儿死在床上,怎地断送?"宋江道:"这个容易,我去陈三郎家买一具棺材与你。……我再取十两银子与你结果。"

又如《红楼梦》第107回贾母说:

我所剩的东西也有限,等我死了做结果我的使用。

照这两条看来,"结果"该是"发送"的意思。

宋人所撰《丁晋公谈录》里有这么一条:

[窦] 俨谓其弟参政偁曰:"俨兄弟五人皆不为相,兼总无寿。其间惟四哥稍得,然结裹得自家兄弟姊妹了亦住不得。"(按偁行四,俨行二,兄对弟也以"哥"相称,是当时习惯。)

这一条据《百川学海》本及钞本《说郛》卷98所录都作"结裹",而《事实类苑》转录作"结果"。可见"结裹"原是宋人寻常言语,"裹"字又简写作"果",到后来就把本字忘了。用"结裹"作发送讲,这是很好懂的;用朴刀来结裹,本有点开玩笑的意味,而又写作"果",就不是一望而知的了。这个词居然到《红楼梦》时代还有守着宋初原义的用法,也可以算得长久了。

新找出来两条材料是:

乃事得那好阿娘,碎小尽到他结裹。(《敦煌掇琐》第23种。"裹"原作"裏",但叶"个、大、火",可断定是"裹"之误。又第一字"乃"疑为"万"之误。)

父母世间惊怪我,复畏寒冻来结裹,身着天衣谁知我。

（《老子化胡经》，成都二仙庵翻印敦煌石室本。按：伦敦、巴
黎两处所藏敦煌卷子都有《老子化胡经》，且都不止一卷，此
不知何卷。）

这两处的"结裹"都不能作发送讲，前一处可以解释为料理，后
一处只能解释为用衣服和被窝来裹扎。又《警世通言》第28卷：

今有一头亲事在此说起，望姐姐、姐夫与许宣主张，结
果了一生终身也好。

这"结果"也只能作料理讲。这样看来，"结裹"一词的语义演变
大概是这样：

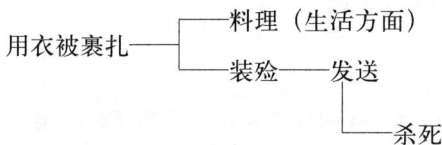

用衣被裹扎 ┬── 料理（生活方面）
           └── 装殓 ┬── 发送
                    └── 杀死

《水浒传》21回的"结果"应是专指装殓而不是泛指发送。

五　主腰

一

《朝野新声太平乐府》卷9有曾瑞卿所作《哨遍》四套，第二套的题目，下一字为"腰"，上一字在《四部丛刊》的影印本里有点像"廛"字，而颇为模糊，《国学基本丛书》本据校点者的序是根据好几个元本、明本校定的，但上一字仍作方围示阙。依据曲文的内容来揣摩，这个字应是"廛"字，"廛腰"通常写作"主腰"，在元明的俗文学里并不太生疏，如《阳春白雪》前集卷三马致远《寿阳曲》云：

　　害时节有谁曾见来? 瞒不过主腰胸带。

又一百二十回本《水浒传》74回叙燕青在东岳和任教师相扑，形容那教师的打扮，有云：

　　串带儿拴十二个玉蝴蝶，牙子扣儿；主腰上排数对金鸳鸯，笈褶衬衣。

这和曾瑞卿的曲文"带儿绘十二白蝶舞；牙子对一双碧翠飞"完全吻合。直到六七十年前写定的《三侠五义》（52回）里头还有"拄腰子"：

> 三公子将书信递与他，他仿佛奉圣旨一般，打开衫子，揣在贴身胸前拄腰子里。（他＝宁妈妈）

主腰不是普通的腰带，大致就是现在的褡包；有些地方（如四川）称之为裹肚，有些地方（如鄂东）称之为拄肚（又讹为猪肚），而我的故乡江苏丹阳则称之为抱肚子。"抱肚"这个名称很古，宋初汾阳无德禅师的《赞深沙神歌》（《大正藏》47卷623页）云：

> 璎珞骷髅颈下缠，猛虎毒蛇身上布。师子衫，象王袴，
> 更绞毒龙为抱肚。

深沙神就是《西游记》里的沙僧的原型。

曾瑞卿的曲文描写主腰的形制，说："特遣人劳心费力，选二色青红相配，拣四时锦绣希奇，"又说："穿花鹨鹑偏斜落，出水

鸳鸯颠倒飞，浑绣得繁华异。"可见当时女子所用的是制作很精的。宁妈妈所系的自然不足以语此，深沙神腰间的更是吓人不拉的了。

二

上面是我在 1943 年写的一条札记，发表在《国文杂志》（桂林）3 卷 3 期，现在来做些补充和订正。

《太平乐府》里笔画不清的那个字，可以肯定是"麈"字，隋树森校订的本子（中华书局，1958 年）里正是这个字。当初大概是有音无字，"主"和"麈"都是借用。"麈"只见于《太平乐府》里曾瑞卿的曲子，"麈"与"主"同音，为什么不怕麻烦，放着五画的字不用而用一个十六画的字，不懂。

主要问题是"主腰"究竟是个什么东西？札记里说它是抱肚即褡包，是不是肯定得太快？陆澹安《小说词语汇释》（中华书局，1964 年）里说，主腰就是肚兜（普通话兜肚），引了两个例子，一个就是札记里引用的《三侠五义》52 回，另一个是 120 回本《水浒》27 回：

　　那妇人就走起身来迎接。下面系一条鲜红生绢裙，搽一脸胭脂铅粉，敞开胸脯，露出桃红纱主腰，上面一色金钮。

《汇释》的作者忘了兜肚是不用纽扣的。当然，抱肚也是不用纽扣的。那么，主腰究竟是什么东西呢？容与堂刻本《水浒传》(上海人民出版社影印，1975 年) 27 回头里有两幅插图，里边的孙二娘都是敞开胸脯，露出主腰的。那东西看起来既不像兜肚，也不像抱肚，倒有点像奶罩流行以前的"小背心"，前面清清楚楚有一溜纽扣。第二幅插图里，除前面有一溜纽扣外，还在上沿画出有三指来宽的横幅绣花。

主腰的形制问题解决了，剩下的问题是主腰跟抱肚、裹肚、兜肚的关系——古今名称的关系，古今实物的关系。在前引《水浒传》27 回那段文字之后，紧接着有一段骈文赞语 (据容与堂刻本。人民文学出版社 1954 年版《水浒全传》同。国学基本丛书本有这段赞语，但缺第四联)：

> 眉横杀气，眼露凶光。辘轴般蠢笨腰肢，棒槌似桑皮手脚。厚铺着一层腻粉，遮掩顽皮；浓搭就两晕胭脂，直侵乱发。红裙内斑斓裹肚，黄发边皎洁金钗。钏镯牢笼魔女臂，红衫照应夜叉精。

这可以证明主腰就是裹肚，形状与后世的兜肚不同。兜肚之制起于何时，有待考证。（兜肚为小背心所取代是几十年以内的事情。）

裹肚和抱肚，名称都很古。《老学庵笔记》卷2：

> 祖妣楚国郑夫人有先左丞遗衣一箧。袴有绣者，白地白绣，鹅黄地鹅黄绣。裹肚则紫地皂绣。

又卷七：

> 王荆公所赐玉带阔十四稻，号玉抱肚。

照这里的文字看，裹肚和抱肚不是一个东西，裹肚是穿在里边的，抱肚是系在外面的。裹肚很阔，不但可以从容与堂本《水浒》插图里看清，还有文字佐证，如《鸡肋编》（涵芬楼校刻宋人笔记）卷上72页：

> 人有相仇害者，于树干中去皮尺许，令周匝，谓之"系裹肚"。虽大木，亦枯死。

抱肚好像也比一般的腰带阔，宋神宗赏给王安石的腰带之所以称为玉抱肚，正是因为它"阔十四稻"（该有六七个厘米吧）。

从另外一些书证来看，裹肚也可以穿在外面。《京本通俗小说·碾玉观音》（亚东图书馆《宋人话本八种》）：

> 适来郡王在轿里看见令爱身上系着一条绣裹肚。

元曲《潇湘雨》（世界书局排印本）第三折：

> 好着我急难移步，淋的来无是处。我吃饭时晒干了旧衣
> 服，上路时又淋湿我这布裹肚。

那么，二者的区别仅仅在于阔狭不同了。是不是抱肚和兜肚都是后起的，都源出于裹肚即主腰呢？谨以求教于博雅君子。

1982 年 9 月

【补记一】《人民文学》1982 年 11 期有一篇小说《电话没有打通》（作者：佳峻），里边有一句：

> 葛振华又解开一层衣扣，露出里面穿的红腰子。

作者有附注：腰子：塞外农民穿的一种背心。"腰子"之名肯定是从"主腰"演变来的，但不知道是凡背心都称为腰子呢，还是只有某种背心称为腰子。

1983 年 1 月

【补记二】上面这则札记在《语文研究》发表之后，收到大同师专马文忠同志来信，说明大同地区至今还有部分居民穿主腰。现在把这封信节录如下：

（上略）大同一带"主腰"的形状见另图（略）。它分夹的和棉的两种，穿在外衣里边，当地人的叫法：主腰，主腰子，夹主腰，棉主腰。面子的颜色有红色、蓝色、黑色等，男人也常穿红色的。纽扣多为用布条做的"绦疙瘩"（"绦"读阳平，音同"逃"），也有铜质球状的。纽扣一般是上中下三道。另有两根布带子钉在后面，从两肩搭过来，用纽襻系在最上面的那道扣子上。解放前它几乎是这里男女老少必穿之物，近一二十年背心日趋普及，市区人民穿主腰的越来越少，但在农村则主腰与背心仍可平分秋色。

大同一带另外还有一种"搂肚儿"[louduer]，一般是夹的，贴身穿，上面用绳子挂在脖子上，中间的两边有两根绳子在腰后相系。现在很少有人穿了。(湘按：这"搂肚儿"即"兜肚"。)

除马文忠同志外，我还收到河北、山西、东北几处读者来信，所说"主腰"的名称和形制与上述大同小异。

1983 年 10 月

六　五指子

在 2 月 12 日的《北京晚报》上看到知原同志的文章，讲到古代手套的形制和名称，很有意思。因而想起好些时候以前在宋人楼钥的《攻媿集》里曾经见过"五指子"一词，指的就是五指分开的手套。且把这一段原文抄在下面：

> 十九日辛未，晴。三鼓，报送伴钟尚书世明等回，仲舅起相见。前处州汤路分逢时为钟引接，送狼皮帽、五指子各一副，拂手香四贴。(卷 111《北行日录》上)

这里边的"仲舅"是汪大猷，是宋孝宗乾道五年冬南宋派遣到金国去的贺正使，楼钥是他的随员。五指子和狼皮帽是气候寒冷的北方服饰，钟世明等伴送金国使臣，刚从北方回来，这些东西用不着了，所以送给汪大猷等人。这"五指子"的名称很透着新鲜，不知道现在的方言里还有这么叫的没有？

我年轻的时候生活在南方，所见手套，有四指不分、五指都露半截在外的，也有五指分开、不露指头的，一般都是毛线编织的。用手操作，例如缝纫、择菜，乃至写字，都以露指的为便。1950年迁居北京之后，又看见骑自行车的戴大棉手套，四指不分，可是缝顶。不知道这种手套始于何时，除骑车外是否还用于别的场合，这就得请教久居北京的同志了。

七　恶发

唐宋间人称"怒"为"恶"，如《朝野佥载》(《太平广记》卷244引) 记人性急，云：

> 又乘驴于街中，有骑马人靴鼻拨其膝，遂怒，大骂，将殴之，走马遂无所及。忍恶不得，遂嚼路旁棘子血流。

称发怒为恶发，如：

一为不得钱物，二为手下无人，所得恶发，搊你将来。（《庐山远公话》，《敦煌变文集》175）

鹘鸰恶发，把腰即扭。（《燕子赋甲》《敦煌掇琐》第3种）

入厨恶发，翻粥扑羹。（《齖䶩新妇》，同书第15种）

若也不见，牢度大神恶发，把尔脑一击粉碎。（《黄龙惠南禅师语录》，《大正藏》1993种，632页）

者瞎汉，向道不直半分钱，又恶发作什么？（《杨岐方会和尚语录》，《大正藏》1994种，642页）

《鸡肋编》卷中记绍兴四年修射殿，云：

其基即钱氏时握发殿，吴人语讹乃云恶发殿，谓钱王怒即升此殿也。

不特别解释"恶发"即"怒"，似南渡之际，这个词的意义一般人还了解。到了陆放翁时就不得不加以说明，《老学庵笔记》卷8记北方"白席"鄙俚可笑，云：

韩魏公自枢密归邺，赴一姻家礼席，偶取盘中一荔枝欲啖之，白席者遽唱曰："资政吃荔枝，请众客同吃荔枝。"魏公憎其喋喋，因置之不复取。白席者又曰："资政恶发也，请众客放下荔枝。"魏公为一笑。"恶发"犹云"怒"也。

八　外后日

《老学庵笔记》卷10云：

> 今人谓后三日为外后日，意其俗语耳。偶读《唐逸史·裴老传》，乃有此语。裴大历中人也，则此语亦久矣。

所云《裴老传》，今见《太平广记》卷42，注"出《逸史》"，按即《卢氏逸史》，其书今轶，但《宋史·艺文志》犹见著录，放翁殆犹及见之。传文曰：

> 裴老请去，王君恳邀从容，久方许诺。曰："明日来，得否？"曰："不得，外后日来。"

"外后"的说法，在宋代似乎还普通，如《法演禅师语录》(《大正藏》1995 种，659 页）云：

> 前年，去年也恁么，明年，后年，更后年，外后年也恁么。

依语意似为"后四"，与放翁"后三"之说微不合。放翁所云今人俗语，不知是当时通语抑一地方言。放翁的故乡绍兴现在也和国语一样，说"大后天"，"大后年"，惟吾乡丹阳还是说"外后朝"，"外后年"，意思是"后三"，与放翁之说相合。不知道还有别的方言这么说的没有？

【后记】这篇札记在《语文杂记》里印出之后，先后收到几位读者来信，他们都是北方人，但都有"外后日"的说法，并且有指后三日和后四日两种。记之如下：

山西大学乔全生信里说，在山西临汾地区，两种说法都有。

（A）临汾市、洪洞县一带：

今马个——明儿个——后儿个——一后儿个——外后儿个

（B）临汾地区西北山区汾西县：

今儿个 —— 明儿个 —— 后儿个 —— 外后儿个

湖南师范大学郑学泉说，他的家乡澧县的说法是：

向前日 —— 前日 —— 昨日 —— 今日 —— 明日 —— 后日 —— 外后日（也适用于"年"）

山西长治市王效中报告他家乡的说法更多古意：

shì前日 —— 前日 —— 夜来 —— 今日 —— 早起 —— 后天 —— 外后天

shì前年 —— 前年 —— 年时 —— 今年 —— 过年 —— 后年 —— 外后年

这里边，"夜来"和"年时"见于唐宋文献，"早起"似乎很特别，不知道还有没有别的地方也这样说。"shì 前日（年）"的 shì 不知道汉字是什么字。

1988 年 10 月 3 日

九 "所由"本义

用"所由"称某些亲事官和各种吏役,唐宋时期极其常见,蒋礼鸿同志的《敦煌变文字义通释》举了很多例证（见 30 — 33 页）。最近读汤用彤先生《隋唐佛教史稿》,58 页引《佛祖统纪》卷 40:"玄宗开元二十九年,河南采访使齐澣言:至道可尊,当从宗仰;未免鞭挞,有辱形仪。其僧道有过者,望一准僧道格律处分,所由州县不得擅行决罪。奏可。"（《佛祖统纪》当有所本,待考。）从这个例子看,"所由"作名词修饰语用,是"所属、该管"的意思。新版《辞源》说"所由"是"所由官"之省,不太确切。但先有名词修饰语的用法,后有名词用法,大概可以肯定。蒋书所引最早的例子是《陈书·沈炯传》:"表求归养……诏答曰:'当敕所由,相迎尊累,使卿公私无废也。'"这里的"所由"可以指朝廷官吏,但更可能是指地方官吏,即"所由州县"之省。

一〇　生前、身后

辛稼轩《破阵子》"醉里挑灯看剑"的后半首有两句是"了却君王天下事，赢得生前身后名"。"生前"和"身后"对举，由来已久。陆机的《周处碑》"徇高位于生前，思垂名于身后"，白居易的《劝酒》诗"身后堆金拄北斗，不如生前一樽酒"，都是如此。例外不多。

跟这个可以对比的是"前身"等于"前生"，例如，王维诗"宿世谬词客，前身应画师"；寒山诗"今日如许贫，总是前生作"。又，"后身"等于"后生"，例如《颜氏家训·归心》"人生在世，望于后身，似不相属，及其殁后，则与前身犹老少朝夕耳"；《法华经·药草喻品》"后生生善处"。

【后记】这一则札记发表之后，有好几位读者或来信或在刊物上指出也有"身前"的例子，只是为数不多。

1988 年 10 月 3 日

【补记】陆机《豪士赋序》(《昭明文选》卷 46) 有云："游

子殉高位于生前，志士思垂名于身后。"这大概是最早的例子了。

1990.7.8 补记

一一　花溅泪、鸟惊心

我在《中国文法要略》(1982年版95页）里用杜诗"感时花溅泪，恨别鸟惊心"做动词的致动用法的例子，就是说，溅的是诗人的泪，惊的是诗人的心。有的读者不同意，认为这里用的是修辞学上的拟人格，花溅的是它自己的泪，鸟惊的是它自己的心。这样一来，就得说感时的是花，恨别的是鸟，全与诗人无干，跟上下文如何连接呢？最近读《温公续诗话》(何文焕辑《历代诗话》中华书局标点本），有一条谈到这两句诗：

> 近世诗人惟杜子美最得诗人之体。如"国破山河在，城春草木深。感时花溅泪，恨别鸟惊心"——山河在，明无余物矣；草木深，明无人矣；花鸟，平时可娱之物，见之而泣，闻之而悲，则时可知矣。

可以证明不是我一个人对这两句诗有这样的理解。

一二 "很"和"狠"

《中学语文教学》编辑部转来何昭华同志的文章，反对我的"很"从"狠"来的说法。我想做一点简单的说明。昭华同志说："'很''狠'原非一字"，一点儿不错。"很"和"狠"古代不是一个字，现代也不是一个字。然而有一点不同：古代这两个字毫无关系，现代这两字却有些瓜葛。古代的"很"和"狠"，字形不同，字义不同，字音也不同。现代的"很"和"狠"却只是字形不同，字义有关联，字音更是完全相同。昭华同志引辞书材料未加分析，我现在把古代字书里边有关的材料用列表的形式抄在下面。

语词	字形	释　义	反切（合今音）
A	很	［说文］不听从也；一曰，行难也。从彳，艮声。 ［广韵］很戾也。俗作佷。 ［集韵］《说文》：不听从也；一曰，行难也；一曰，鳌（戾）也。	胡恳切（hěn） 胡恳切（hěn） 下恳切（hěn）
B	狠	［说文］犬斗声。从犬，艮声。 ［段注］今俗用狠为很，许书用狠义别。 ［集韵］《说文》：犬斗声。	五还切（ŋuàn） 吾还切（ŋuàn）
C	龈 狠	［说文］啮也。从齿，艮声。 ［集韵］《说文》啮也。谓豕啮物。或从犬。	康很切（kěn） 口很切（kěn）

上面这个表以字形为纲，并且限于古代的材料。下面的图解以语词为纲，从古代联系到现代，也许能把问题看得更清楚些。括号内为字形，‖表示词义废弃不用。

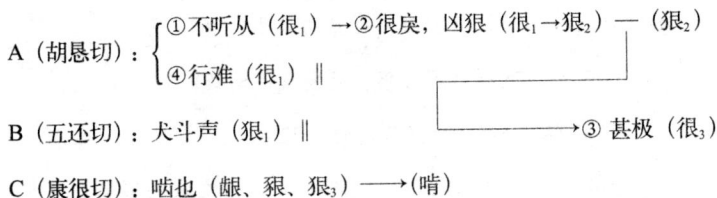

A（胡恳切）：$\begin{cases} ①不听从（很_1）\rightarrow②很戾，凶狠（很_1\rightarrow狠_2）——（狠_2） \\ ④行难（很_1）‖ \end{cases}$

B（五还切）：犬斗声（狠_1）‖ $\longrightarrow$ ③ 甚极（很_3）

C（康很切）：啮也（齦、狠、狠_3）$\longrightarrow$（啃）

从以上不难看出：(1)"很_2"和"很_1"虽然字形和字音相同，却不是直接继承，因为词义联系不上。这是旧瓶装新酒的例子。从"凶狠"的意义派生"甚极"的意义，在很多语言里都有这样的例子，如英语的 awfully，terribly，dreadfully。(2)"狠_2"和"狠_1"的字音和字义都不同，也没有历史继承关系，也是旧瓶装新酒。(3)"狠_3"跟"狠_1"、"狠_2"都没有关系，只是字形偶然相同。总之，由于语言的演变而引起的字音、字义、字形之间的分合、交叉、错综复杂的关系必须得到重视，简单地说"某字与某字相通"是不解决问题的。

（《中学语文教学》1986 年 4 期）

【后记】江蓝生同志，给我提供了近代汉语里几个还把"很"写做"狠"的例子：

谁着你失误官身，相公恼的狠哩。(《元曲选·金线池》
第四折［沽美酒］后宾白，世界书局本，263 页)

这里来，这样热闹得狠。(《金瓶梅词话》53 回)

这家子远得狠哩。(《西游记》22 回)

不必看了，不必看了，我晓得这庙里娘娘的籤灵的狠呢!
(《儿女英雄传》38 回，光绪四年聚珍堂木活字本)

一三　读《三国志》

自

《三国志》里的"自"字的用法有超出一般文言用法之外的。
首先是作领格代词用，例如：

［张］辽被甲持戟……大呼自名，冲垒入，至［孙］权麾
下。(卷十七张辽传)

这在先秦是用"厥"或"其"，后世也有用"己"的，用"自"很少见。

更特别并且容易引起误解的是用在一般用"相"（或"见"）的地方，例如：

> 或疑 [杨] 洪知 [张] 裔自嫌，不愿裔处要职。（卷四十一杨洪传）

"自"字一般指直接在前的名词，这里应该指张裔，但根据前后文义，只能是指杨洪，即"知"的主语而不是"嫌"（＝怨恨）的主语。

同样的例子：

> 自 [陈] 祗之有宠，后主追怨 [董] 允日深，谓为自轻。（卷三十九陈祗传；"自"指后主）
>
> [张] 嶷之到定莋，定莋率豪狼岑……甚为蛮夷所信任，忿嶷自侵，不自来诣。（卷四十三张嶷传；"自"指狼岑）
>
> [孙] 权惧 [诸葛] 亮自疑，深自解说。（卷十四刘放

传；"自"指孙权——光看这一句，似乎也可以指诸葛亮，但如连上文看，就只能指孙权）

然赞

作"赞成"讲。例如：

今但可然赞其伐蜀，而自说新据诸郡，未可兴动，吴必不敢越我而独取蜀。(卷32《蜀先主传》)

公亦宿虑明定，即相然赞，遂举事焉。(卷40《彭羕传》)

必不相然赞，成其凶谋。(卷16《郑浑传注引张璠汉纪》)

迎

作"荐举、选用"讲。例如：

建兴二年，丞相亮领益州牧，选宓迎为别驾。(卷38《秦宓传》)

洪迎门下书佐何祗有才策功干，举郡吏，数年为广汉太守。

（卷41《杨洪传》《资治通鉴》卷68引此，改"迎"为"举"）

建兴二年，丞相亮领益州牧，选迎皆妙简旧德。（卷42《杜微传》）

部

作"分管"讲，多与"从事"（官名）连用。例如：

陈震字孝起，南阳人也。先主领荆州牧，辟为从事，部诸郡。（卷39《陈震传》）

杨洪字季休，犍为武阳人也。刘璋时历部诸郡。（卷41《杨洪传》）

由是忤指，左迁部永昌从事。（同卷《费诗传》）

年未三十，荆州牧刘表辟为部江夏从事。（卷61《潘濬传》）

【后记】《汉书·元后传》汉成帝对王章说："且唯贤知贤，君试为朕求可以自辅者。"这个"自"字指成帝自己，不指王章，用例与上引《三国志》诸例同。（《资治通鉴》汉成帝阳朔元年引此，字句悉同。）

1983 年 6 月

一四　读《北梦琐言》

一

以郡望代姓，用来指人，这个风气好像始于中唐而盛于晚唐，《北梦琐言》里照例是初见举姓名，以后就用郡望来替代。例如：

> 王文公凝，清修重德，冠绝当时……于时司空图侍郎方应进士举……琅玡知之，谓其专敬，愈重之。（第 27 则）①
>
> 唐相国刘公瞻，其先人讳景，本连州人，少为汉南郑司徒掌笺翰。因题商山驿侧泉石，荥阳奇之，勉以进修。（第 28 则）
>
> 唐相国韦公宙，善治生……咸通初，除广州节度使。懿宗以番禺珠翠之地，垂贪泉之戒。京兆从容奏对曰："江陵庄

---

① 引文根据上海古籍出版社 1981 年排印本。

积谷尚有七千堆，固无所贪。"（第35则）

大中四年，进士冯涓登第……恩地即杜相审权也。杜有江西之拜，制书未行，先召长乐公密话。（第40则）

唐杨蔚使君典洋州，道者陈休复每到州，多止于紫极宫。弘农甚思一见，而颍川辄便他适。（第54则）

卢相光启……受知于租庸张濬。清河出征并、汾，卢每致书疏，凡一事别为一幅。（第58则）

近代吴融侍郎，乃赵崇大夫门生，即世日，天水叹曰："本以毕、白待之，何乃乖于所望！"（第74则）

唐大中初，绵州魏城县人王助举进士，有奇文……于时薛逢牧绵州，见而赏之……助后以瘖废，无闻于世，赖河东公振发增价，而子孙荣之。（第77则）

刘𨳮时为金吾仓曹参军，依栖韦公〔皋〕……洎京兆变故，彭城知留务，起雄据之意。（第96则）

这种称代法，宋以后的文字里很少看见了，代之而起的是貌同而实异的另一种称代法。宋朝的曾巩，人称曾南丰。南丰是地名，但不是郡望而是籍贯；以郡望代姓，可以用于所有姓这个姓的人（如上面所引例子里边，韦宙和韦皋都用"京兆"来代），用籍贯来代，在一定时间只用于一个人；用郡望代姓，不能连姓说，用籍贯指人，可以连姓说。这种称代法宋朝还不多见，明朝渐渐多起来，如称严嵩为分宜，称张居正为江陵。清末民初这个风气很盛，例如称李鸿章为合肥，称翁同龢为常熟，称袁世凯为项城，称黎元洪为黄陂，称段祺瑞为合肥。但称徐世昌为东海是用的郡望，徐是天津人；而孙中山则不是人以地名，而是地以人名，中山县原名香山县。

二

《北梦琐言》里的官名常常用别称，这也是晚唐五代的风气。例如：

> 唐相国李太尉德裕，抑退浮薄，奖拔孤寒。于时朝贵朋党，掌武破之，由是结怨。（第 21 则）
> 唐蔡京尚书为天德军使，衙前小将顾彦朗、彦晖知使宅市买。八座有知人之鉴……勉之曰："公弟兄俱有封侯之相，善自保爱……"（第 57 则）
> 唐刘舍人蜕，桐庐人。早以文学应进士举……紫微历登

华贯，出典商於……（第39则）

唐柳大夫玭……谪授泸州郡守，先诣东川庭参，具羹鞚。元戎顾相彦朗坚却之。亚台曰："朝廷本用见责，此乃军府旧仪。"顾公不得已而受之。（第49则）

路侍中岩在西蜀……使院小吏罗九皋巾裹步履，有似裴条郎中。大貂遥见，促召衫带，逼视方知其非。（第63则）

陇西李浩常侍……光化中，与诸朝士避地梁川，小貂日游邻寺，以散郁陶。（第104则）

唐张祎侍郎，朝望甚高，有爱姬早逝，悼念不已……其犹子右补阙曙，才俊风流，因增大阮之悲，乃制《浣溪纱》……置于几上。大阮朝退，凭几无聊，忽睹此诗，不觉哀恸，乃曰："必是阿灰所作。"阿灰，即中谏小字也。（第149则）

唐王祝给事……尝典常州……急诏征回……行至甘棠，王珙帅于是邦……以夕拜将来必居廊庙，延奉勤至。（第169则）

伪王蜀叶逢，少明悟……后充湖南通判……梦见乘船赴任……觉后，话于广成先生杜光庭次，忽报敕下，授检校水部员外郎。广成曰：

"昨宵之梦，岂小川之谓乎?"（第 333 则）

这个风气一直延续到宋朝。例如：

宇文虚中以舍人为童贯参谋，卢沟之败，虚中走焉。及燕山奏功，归为翰林学士。宣和八年，复从贯行。金人犯顺，虚中奔还，道君以为资政殿大学士。虏逼都城，虚中走宿、亳间，虏和乃归。上以为枢密。故京城为之语曰："一走而为内翰，再走而为大资，三走而为枢密。"（《三朝北盟会编》）①

朱行中自右史带假龙出典数郡。是时年尚少，风采才藻皆秀整。（《泊宅编》。按：直龙图阁谓之假龙，龙图阁待制谓之小龙，龙图阁直学士谓之大龙，龙图阁学士谓之老龙，见《泊宅编》。）

[王] 继先幸于高宗。初秦桧权未张，颇略上左右以固宠。继先实表里之，凭依城社者三十年。绍兴蜀人杜莘老为南床，拟击之而未发。（《程史》。按：南床是侍御史的别称。）

---

① 这一处和以下三处引文都是转引自丁传靖编《宋人轶事汇编》。

洪公弼为宁海主簿，有荷花桃实竹枝连理之瑞，已而生适（kuò）。故适以贰车行县题诗云："久已驰魂梦，今登三瑞堂……展骥惭充位，占熊忆问祥……"（《宋诗纪事》。按：贰车是通判的别称，洪适曾经做过台州通判，宁海县属台州，洪适以台州通判的身份去他的出生地宁海县视察，所以有"展骥"、"占熊"的话。）

但是宋朝人只用这些别称代替正式官名，不像唐、五代人的进一步用来指居此官的某人。同时，应用的范围也大大缩小了。洪迈在《容斋随笔》里有一则《官称别名》，说："唐人好以它名标榜官称，今漫疏于此，以示子侄之未能尽知者。"可见很多别名已经不用，以致像洪迈家这种仕宦人家的子弟也不知道了。

三

《北梦琐言》里有几则谐音的例子：

光化中，朱朴自《毛诗》博士登庸，恃其口辩，可以立致太平……洎操大柄，无以施展……内宴日，俳优穆刀陵作念经行者，至御前曰："若是朱相，即是非相。"（第 108 则。"朱"谐"诸"。）

　　唐李群玉校书，字文山，澧州人，有诗名，散逸不乐应举，亲友强之，一上而已……或曰，曾为荆之幕下，假书题谒澧吏艾使君。李谓艾侯曰："小子困甚，幸使君痛救之。"以戏其姓之癖也。（第109则。"救"谐"灸"。）

　　唐曹相国确判计，亦有台辅之望。或梦剃度为僧，心甚恶之……无何，杜相出镇江西，而相国大拜也。（第138则。"剃度"谐"替杜"。）

一五　读《癸巳存稿》

　　这题目写全了应该是《读〈癸巳存稿〉卷三"精其神"条》。现在把这一条抄在下面：

　　京城人劝勉出力曰"精其神"。案道藏《心印经》云："上药三品：神与气、精。人各有精，精合其神，神合其气，气合体真。"《太平经》云："人之生也，天付以神，地付以精，中付以气。"《辨正论·气为道本篇》云："古来名儒，及河上公说老子：'夷者，精也；希者，神也；微者，气也。'"初疑"精其神"是"精气神"，既悟其非也。明杨士聪《玉堂荟记》"崇祯丙子讲筵"一条:"内珰言:'只是赐宴,即与经了筵一样。'"又尝见二兵争斗,缘相谵以"阵了亡再说"。又见市人通文,言:"深究利害,使人毛骨悚出然。"此是一种文理,不当非笑之。精其神,经了筵,阵了亡,悚出然,即《诗经》《楚辞》句里"兮"字。

这"精 qi 神"的 qi(轻声)究竟是"气"还是"其"?俞理初先引三种书面材料,里边都是"精"和"神"和"气"并举,读者以为他将要让"气"字得分了,不想他"初疑……既悟……"一转,把分数判给了"其"字,很有点出人意外。他接着用三个口语(出自非读书人之口)里的拆词格的例子来做他判案的根据。他把平民口语看得比什么经什么论更有分量,跟他维护妇女权利、反对封建道德的思想是一脉相通的。"气"和"其"的是非,我们不准备表态,可是不妨指出,"其"和"了"不是同类,要比较可以跟"荒乎其唐"等等比较。(还可以附注:老舍先生的作品里都写作"精气神"。)

我们的兴趣倒是在于"经了筵"和"阵了亡"。这种把非动宾结构当作动宾结构处理,例如"考完试"、"登了记"等等,在现代是已经经常听到，并且书面上也不少见了。可没有想到动宾结构的这种类化作用至少已经有一百五十年的历史。（俞正燮生于乾隆四十年即 1775 年，死于道光二十年即 1840 年。）如果从《玉堂荟记》算起，那就已经有三百多年了。

一六　酒泉子的句法和韵式

我在《语文常谈》中举词韵复杂之例，引温庭筠的《酒泉子》：

　　　　花映柳条，闲向绿萍池上。凭阑干，窥细浪，雨萧萧。
近来音信两疏索，洞房空寂寞。掩银屏，垂翠箔，度春宵。

全首十句，除第三句和第八句不用韵外，其余八句花搭着押了三个韵：

条　　　上　　　浪　　　萧　　　索　　　寞　　　箔　　　宵

杨联陞先生从美国来信说：“我以前没注意这个情况。试验《花间集》，有温庭筠《酒泉子》四首。除第一首如上，第二首韵：

窗、钲、双；碧、隔；阁、薄、落。第三首韵：归、稀、飞；水、起；鬓、风、梦。第四首韵：香、肠、狂；豆、旧；梁、节、歇。其中鬓字、梁字似与起句为韵。但大体言之，吕先生之说不误。"联陞先生接下去引《花间集》里韦庄、牛峤、张泌、毛文锡，牛希济、顾敻、孙光宪、毛熙震、李珣等人的《酒泉子》共22首，连温庭筠的共26首，加以分析，指明句法和韵脚都颇有出入，并引万树《词律》，《酒泉子》共有二十体，云云。

我把这26首词，按押韵的情况试为分类，大体如下（上一行是各句的字数，下一行是韵脚，括弧内是举例）：

（A）押三个韵的，共18首。

A1. 　4　6　|　3　3　3　‖　7　5　|　3　3　3 （温庭筠：花映柳条）
　　　a　b　·b　a　a　　c　c　·c　a

此式共有11首，其中一首后段第二句六字，一首同句七字，两首前后段第二句皆七字。

A2. 　4　6　|　3　3　3　‖　7　5　|　3　3　3 （温庭筠：罗带惹香）
　　　a　b　·b　a　a　　a　c　·c　a

此式与上式不同处是后段首句押a韵。共有2首，其中一首前后段第二句皆七字。

A3. 　4　6　|　3　3　3　‖　7　5　|　3　3　3 （孙光宪：空碛无边）
　　　·b　·b　a　a　　c　c　·c　a

此式起句不押韵，余与 A1 相同。共有 3 首。

A4.
$$\underset{\cdot\ b}{4\ 7} \underset{a\ a}{\mid 7\ 3} \underset{a\ b}{\parallel 7\ 5} \underset{c\ c}{\mid 7\ 3}$$
（顾夐：水碧风清）

此式与以上三式不同处有二：一，无 3×3 句法；二，前后段末句不同韵。共有 2 首。

（B）押两个韵的，共 5 首。

B1.
$$\underset{a\ b}{4\ 6} \underset{\cdot\ b\ a}{\mid 3\ 3\ 3} \underset{b\ b}{\parallel 7\ 7} \underset{\cdot\ b\ a}{\mid 3\ 3\ 3}$$
（顾夐：黛薄红深）

此式句法与 A 类前三式相同，但在 A 类押 c 韵处改押 b 韵。共 2 首，其中一首第二句七字。

B2.
$$\underset{\cdot\ \cdot\ a\ a}{4\ 6\ \mid 7\ 3} \underset{a\ b}{\parallel 7\ 7} \underset{\cdot\ b\ a}{\mid 3\ 3\ 3}$$
（李珣：秋雨联绵）

此式共 3 首，共同之处是：一，只用两个韵；二，头两句无一句押韵。此外，在句法上和韵脚的排列上都不一致。

（C）一韵到底的，共 3 首。

$$\underset{\cdot\ \cdot\ a\ a}{4\ 7\ \mid 7\ 3} \underset{a\ \cdot\ a\ a}{\parallel 7\ 7\ \mid 7\ 3}$$
（毛文锡：绿树春深）

此式特点，除一韵到底外，头两句也不押韵，并且无 3×3 句法。共 3 首，其中一首前后段第二句皆六字，一首后段第二五字。

总的看起来，五代时候的《酒泉子》以 A 为主要格式（26 首中 18 首），其中尤其以 A1 为多（18 首中 11 首）。但流传到宋代的却是一韵到底的 C 式，万树在毛文锡《绿树春深》词后注云："此则前后整齐，宋之同叔、稼轩皆用此体矣。"

联陞先生文中还提到戴密微与饶宗颐合著的《敦煌曲》中的《酒泉子》四首。我这里没有这本书，只有任二北的《敦煌曲校录》，有《酒泉子》三首。它们的句法是：4 7| 7 5 ‖ 7 7| 7 5（有一首后段首句八字），用韵则三首三个样儿，一首三个韵，一首两个韵，一首一韵到底。

一七　典故的形成

《人民文学》1984 年第 6 期有李国文的一篇小说《危楼记事》，第 47 页上有这么一句：

> ［双方］互相"文攻"几个回合以后，就一拨楼内一拨楼外"武卫"起来。

同上 1985 年第 1 期有王蒙的一篇小说《高原的风》，第 27 页上有这么一句：

> 小时候他冻得尿过裤。触及灵魂的时候他冻得把唯一供给他热能的高粱米饭吐了一地。

这"文攻"、"武卫"、"触及灵魂"，没有经历过所谓"文化大革命"的人是不懂得什么意义的。"文攻"和"武卫"也许还可以蒙个八九不离十，"触及灵魂的时候"就很容易误会成比"小时候"大点儿的时候。这就需要注释，这就成了典故。

又如《现代作家》1984 年第 1 期有金河的一篇《打鱼的和钓鱼的》，其中有一句有：

> 啊，当年的"九爷"，覃技术员，今天当了县长了！

这个"九爷"是"臭老九"的美称，而"臭老九"又是"文化大革命"时期对知识分子的恶谥。

又如《小说选刊》1985 年第 9 期有一篇小说《山风》(作者肖亦农、张少敏)，第 37 页上有这么两句：

大概是张山摊出"工人阶级"的硬招牌，才把王淑娴说服了，她也就不再推辞了。接受工人阶级的馈赠，够光彩的，仔细品一品，颇有些芒果味呢!

这"芒果味"就更需要注释了，因为张山送的是"几张十元票子"，钞票怎么会有芒果味呢? 这也只有在"文化大革命"后期比较注意小道新闻的人才知道这儿的芒果是怎么回事。也可以参考李准的小说《芒果》。

同一期又有一篇小说《话说老温其人》(作者蒋子丹)，第143页上有一句:

老温心里什么滋味儿，小侯、大张可不管那些，一切还在"按既定方针办"。

这"按既定方针办"，照字面的意义，倒是没什么难懂，难懂在于那一对引号。"按既定方针办"紧接上文，就是在做饭做菜上捣乱，可是干吗要安上一对引号呢? 这就非得熟悉1976年9月间的时事不可了。

很多所谓典故就是这样形成的，只是时代较早，不像这几个例子近在眼前就是了。

一八 背景知识

一

现在的年头儿，看小说也得有点儿背景知识。最近看了一篇《约会》(作者刘剑，载《小说选刊》1985 年 10 期)，有几处，如果没有有关的背景知识就看不懂。小说是用第一人称讲一个矿工的恋爱故事。有一处，他说："即便是这辈子摘不了光棍帽儿，下辈子再做个王老五，我们也宁可不屈不挠。"——这就得知道从前有一个嘲笑光棍汉的民谣："王老五，王老五，行年二十五，衣破无人补。"

接下去说到矿山的医务室来了个姓姚的年轻女医生，因为她，两个矿工的关系恶化了，常常闹摩擦，小说的主人公（他是作业班长）劝也没用，只好一声长叹："好一个姚岚！好一个百慕大三角!"——这百慕大三角是什么呀？它是北大西洋百慕大群岛附近的一片水域，常常有船只经过那里会无缘无故沉没，连飞机也会失踪。

后来听说这年轻的医生已经有了对象，于是矿工们和解了，

"我们的部落又悄悄恢复了生气……我们有福同享，有难同当。我们才是地道的货真价实的快乐的单身汉!"——这倒没有什么难懂，然而作者在这儿可是有意用到了一部早两年上演过的电影的名字:《快乐的单身汉》，不过那部电影里的单身汉不是矿工而是造船工人。

小说的末了一段是:"我暗中背过手，使劲儿掐了掐自己的屁股蛋子，火辣辣的发痛。可我还是挺纳闷儿。"——这又是怎么回事儿呢? 原来是主人公的恋爱出乎意料地获得成功，疑心自己在做梦。这要是不知道民间流传的，是做梦不是做梦可以用掐在身上痛不痛来判断，那就无法理解了。

所有这些，都可以叫做"新的典故"吧。新的典故比老的典故更难对付，因为没有工具书可查,《辞源》《辞海》不收，辞书出版社出了那么多词典，也解决不了这方面的问题。

二

"算了，趁早别去找那个麻烦。要么等脱了军装再讲，要么穿上了皮鞋再考虑。"(徐怀中《西线轶事》)

"脱了军装"好懂，意思是复员。"穿上了皮鞋"呢? 那是指提干（把战士提上去当干部），因为战士一般只穿胶鞋或布鞋，干部才穿皮鞋。这就叫背景知识。很多话没有背景知识是不好懂的。需要非常专门的背景知识才能懂的话，就叫做"行话"。

三

外国文学的读者多了起来以后，有些外国名著里边的词语也会出现在中国作品中间，成为"洋典故"。下面是一个例子：

有时候我觉得，女人的名字并不是脆弱而是目光短浅。
（李晓《关于行规的闲话》,《小说选刊》1988 年 4 期）

这得读过莎士比亚的《哈姆莱特》才知道，在这个剧本里，当哈姆莱特知道他母后与他叔父私通之后，他说："脆弱啊，你的名字就是女人!"（第一幕第二场，朱生豪译文）

一九 绿帽子的来源和产地

曾经读过一篇名为《漆彩》的小说，里边有一段对"绿帽子"的解说：

　　绿头？是指戴绿帽子的头吧？在欧洲，戴绿帽子的人是指妻子和别人睡觉，而他本人还蒙在鼓里的冤大头丈夫。

查清赵翼《陔余丛考》卷38"绿头巾"条："明制，乐人例用碧绿巾裹头，故吴人以妻之有淫行者，谓其夫为绿头巾，事见《七修类稿》。又《知新录》云：明制，伶人服绿色衣……然则伶人不惟裹绿巾，兼着绿衣。"前人考证如此，其实是靠不住的，因为伶人和纵妇卖淫者毕竟不能画等号，而且伶人不仅帽子是绿的，连袍子也是绿的。

　　《陔余丛考》同卷又引宋庄绰《鸡肋编》"浙人以鸭为讳"。《鸡肋编》原文如下："浙人以鸭儿为大讳。北人但知鸭羹虽甚热亦无气，后至南方，乃知鸭若只一雄，则虽合而无卵，须二三始有子。其以为讳者，盖为是耳，不在于无气也。"按公鸭的头上的毛是绿的，"绿帽子"的来源可能在此而不在彼。但原文"鸭儿"二字可以有两解，或指父鸭，或指子鸭，都说得通。

　　《水浒传》第25回，郓哥道："我前日要籴些麦稃，一地里没籴处，人都道你屋里有。"武大道："我屋里又不养鹅鸭，哪里有这麦稃？"郓哥道："你说没麦稃，怎地栈得肥胳腃地，便颠倒提起来也不妨，煮你在锅里也没气?"武大道:"含鸟猢狲，倒骂得我好! 我的老婆又不偷汉子，我如何是鸭?"郓哥道:"你老婆不偷汉子，只偷子汉。"这一段书证明:一，《鸡肋编》的"鸭儿"指的是父鸭;二，讳鸭之俗到明朝还存在;三，煮而无气与多雄共子并不矛盾，都是鸭犯忌的理由。

不管绿帽子的来源究竟如何，其为中国土产大概是没有疑问的，"在欧洲"云云不免中冠西戴，乃是一种误传。相当于中国早先的鸭或后来的乌龟的字眼，在英语里叫做 cuckold，即 cuckoo (斑鸠)。为什么跟斑鸠发生瓜葛，其说不一。约翰逊博士在他的词典里说是起源于好心而又好事的朋友看见"第三者"走来的时候，就发出"咕咕! 咕咕!"之声，本意是给丈夫以警告，说是"鸠"要来占你"鹊"的巢了。后来却弄颠倒了，称不幸的丈夫为"鸠"，并且可以用做动词，就是让某人当王八的意思。至于不幸的丈夫头上的标记，那就不是绿帽子而是犄角 (horns)，当然，跟绿帽子并不真的戴在头上一样，犄角也是看不见的。它的来源据说是出于一种古老的风俗，在阉割小公鸡的时候，同时把它的鸡距割下来嫁接在冠子上，后来长成两只小犄角，借以辨认阉鸡，而阉鸡常被认为是有妇不贞者的象征。

cuckold 和 horn 现代英语里是难得遇见了，但在莎士比亚时代乃至18世纪的喜剧里并不罕见。例如莎士比亚《温莎的风流娘儿们》第三幕末了，福斯塔夫说："再见，白罗克大爷，您一定可以得到她；白罗克大爷，您一定可以叫福德做一个大王八。"这里的原文就是"……you shall cuckold Ford"。接下去是福德发觉此事，发狠要把奸夫捉住，"王八虽然已经做定了，可是我不能就此甘心呀；我要叫他们看看，王八也不是好欺负的。"原文是"……if I have horns to make me mad……I'II be horn-mad."（译文见朱生豪译本，"王八"原作"忘八"，"欺负"原作"欺侮"。）

【后记】孟心史先生在《跋〈聊斋志异·颠道人〉》里对绿头巾有考证，可参看。见《心史丛刊（外一种）》，岳麓书社，1986年。

二〇 文学和语言的关系 *

我在一本书里头，偶然看见这么一个故事。就是有一个法国的画家，叫德卡，是一个印象派画家。这位画家，除画画之外，还喜欢做两首诗，对于做诗也很热心。有一天，他做诗，那个诗老是做

---

* 在《语文研究新成果系列讲座》（1965年）开幕式上的讲话。

不出来，他去找他的朋友，一个诗人，叫马拉梅，他是一个有名的诗人。德卡跟他说："我呀，一肚子的诗，写不出来，是个什么问题？我有很多诗的思想，不能把它写出来。"马拉梅就对他说："老兄呀，诗这个东西，是拿语言把它写出来的，用文字把它写出来的，不是用思想写出来的，思想没法子写，要写就得用语言。"

就这么一个故事。这个故事引起我一些感想。文学作品是用语言作媒介，用语言把它写出来的。这个道理，中国古代的诗人懂，散文作家也懂，现代的诗人和作家，有的懂，有的就不太懂。现在的文艺评论都是强调生活，说一个作家要有生活，没有生活写不出东西，这话很对。但是光有生活够不够呢？你把生活经验转化成为文学作品，你要通过一种媒介，就等于我们吃东西进去，要有一种酶帮助消化。把生活转变成作品要通过语言，这个道理，我们的作家，至少是大部分作家，是懂的，因为这是非常现实的问题。你光一肚子生活，没法子把它变成作品，这就跟德卡问马拉梅问题一样。怎么办？马拉梅说你得用语言把它写出来。这个道理就跟一个画家画油画一样，你首先得调色，这个颜色，这个色彩，你得会调，然后才能画。你不借助于颜色，没法子画出画来。我们作家，大部分都懂这个道理，因为这是个很实际的问题。

非常遗憾，我们的好些文艺评论家，像是不懂这个道理。他开口生活，闭口意识形态，却不讲语言。这种文艺批评是片面的。我们的文艺批评家这样讲了，我们学校的老师也就跟着这样讲，也是在那儿讲生活，讲意识形态，很少讲语言。那样讲文学，我认为是片面的，讲不好的。

因为有这个感想，我就去查查书。我查了两本文学史，一本是刘大杰的《中国文学发展史》，一本是社会科学院文学研究所的《中国文学史》。我看这两本书讲杜甫是怎么讲的，当然都讲到杜甫的思想等等，这是两本书共同的。我就看这两本里头讲杜甫运用语言是怎样讲的。刘大杰的书上讲的不多，讲的是杜甫入蜀以后，他的作品就有一种"逍遥恬静的风格"，就那么很笼统的几句，好像杜甫运用语言的能事就那么一点，没多少可以说的。文学研究所讲杜甫，有专门一节讲"杜甫诗歌的艺术成就"，这里头讲的就比较多。说他是"精工锤炼，卓然成章"。又说"他的风格主要表现为：'深沉凝重'，或者如他自己所说的'沉郁'"，"或雄浑、或悲壮、或奔放、或瑰丽、或质朴、或古简、或轻灵，无不达于胜境"，就是说他各种风格都有。还有一个地方说："杜甫的诗歌在语言艺术上的成就，也是非常突出的"，点出他用字，举了几个例子："星垂平野阔，月涌大江流"，一个"垂"字，一个"涌"字，都用得好，"群山万壑赴荆门"，"赴"字用得好。另外一个地方说他"还善于运用民间口头语言和方言俚谚",另外一个地方,说"他卓越地掌握了中国语言的声韵","他的诗不仅具有形象的美,而且具有音乐的美",如《石壕吏》这一首诗,内容有转变的地方,诗的韵脚也换了,换韵是配合它的内容的。总的说来,文学研究所讲杜甫的语言运用比较多一点。

我又查查从前人的诗话。这种书我手头不多,就有一部《苕溪渔隐丛话》。这部书分前集、后集,杜甫在前集有九卷,后集有四卷,共十三卷。我就拿他跟别的作家比较,韩愈是三卷加一卷,共四卷;欧阳修两卷加一卷,三卷;王安石四卷加半卷,四卷半;苏轼九卷加五卷,十四卷;黄山谷三卷加两卷,五卷。杜甫跟苏轼两位,讲的特别多,引的材料特别多,讲他们的这首诗、那首诗,讲他们的作品比较详细。我的意思是说,我们古人讲文艺作品,很重视作家怎么运用语言,有些什么特色,举了很多例子。而我们现在讲文艺,对这方面非常忽略,光讲内容,不谈语言的运用,片面性很明显。我希望这个讲习班上讲文学的同志——当然有分工,有的题目就是说明讲思想的,那当然讲思想了,是不是也有的可以多讲一点作家怎么运用语言的。就是讲思想,他的思想也不能赤裸裸地往作品里头搁呀,他还得给它穿上衣服呀,那就是语言了,他得用语言把思想表达出来,总之还是离不开语言的。我今天就这么个意思：咱们的题目是讲语言的，固然是要讲语言；题目是讲文学的，也讲讲文学作品是怎么运用语言来表达内容。我就提供这么一个建议。

（《中学语文教学》1986年1期）

二一　文学作品体裁

汉语文学作品的各种体裁可以用一个简明的表格来表示。

当然，这个表里边的正负号都是只代表主要情况，往往有些例外，如古体诗一般或五言或七言，但也有五言、七言相间乃至杂以五七言以外的诗句的；一般不用对偶，但也间或有对偶句。又如近体诗首联与末联多不用对偶（因而绝句可能通篇无对句）。一个表格是很难包括所有情况的。

格律 ＼ 体裁		诗		词	赋		骈文	散文
		古体	近体（律、绝）		古赋	律赋		
押韵		+	+	+	(+)	+	－	－
句式	句数固定	－	+	+	－	－	－	－
	字数固定	+	+	+	－	－	－	－
	等　长	+	+	－	－	－	－	－
平　仄		(+)	+	+	(+)	(+)	(+)	－
对　偶		－	+	(+)	(+)	+	+	－

二二　散文用韵

《人民文学》1981 年 2 月号《赶场即事》里边有一段是押韵的：

哪一颗星没有光，哪一朵花没有香，哪一个庄稼人的心里又不怀着屈辱和期望？在过往的日子留下的这片废墟上，哪一个庄稼人又不在为明亮的日子而奔忙？这虽然像梦又实在不是梦！日头才刚刚西斜，阳光是无边无际，乡场上密得不透风，好比一朵正当节令的金秋芙蓉。

散文中掺杂韵语，从修辞的角度看，是得还是失，恐怕评论家的意见是不会一致的。不过这种做法倒是古已有之。先秦两汉的例子早已受到音韵学家的注意，下面引一个宋朝的例子：

盖亭之所见，南北百里，东西一舍。涛澜汹涌，风云开阖，昼则舟楫出没于其前，夜则鱼龙悲啸于其下。变化倏忽，动心骇目，不可久视。今乃得玩之几席之上，举目而足。西望武昌诸山，冈陵起伏，草木行列，烟消日出，渔夫樵父之舍，皆可指数。此其所以为快哉者也。至于长洲之滨，故城之墟，曹孟德孙仲谋之所睥睨，周瑜陆逊之所驰骛，其风流遗迹亦足以称快世俗。(苏辙《快哉亭记》)

上面用记号标出来的三组字，要按照当时的韵书的要求，只有"舍、下"一组通得过，其余的两组都有出韵之嫌。但是整个看来不像是完全出于偶然，那也是可以肯定的。

二三　儿化

儿化是北方话里很值得深入研究的一种现象，但是光依据书面材料是不能探明真相的，因为即使是最爱照口语直写的作家，也不肯把每一个"儿"都写出来。下面是很难得遇见的一个尽量写出来的例子：

> 我早发现你们俩有意思儿，用文明话说，就是有感情儿，只不过没人搭个桥儿。昨儿晚上，我找到香莲，背着人儿，我拐弯抹角地套她话儿。……后来我说到你的难处，又说到这会儿姑娘们找对象，一个个"鸽子眼，向上翻"，评价

儿，论分儿，寻的是新房儿、彩礼儿，不管人品怎么样……

（韩映山《塘水清清》，《人民文学》1980 年 10 期）

这里边的"儿"很多不是加在一个词后头而是加在一个短语后头的。

二四　博喻

1982 年 10 月号的《北京文学》有张一弓的一篇小说《考验》，里边有这么一句：

> 因为她同时也感到一个"共产党阿囡"的真实的存在，如同战士找到了哨位，钥匙找到了锁孔，琴找到了弦，弓找到了箭，丽达有了手枪，保尔骑上了战马。

一连用了六个比喻。钱锺书先生在《宋诗选注》中苏轼诗选的引言里提到这种"博喻"法，用《百步洪》里写水波冲泻的一段做例子：

> 有如兔走鹰隼落，骏马下注千丈坡，断弦离柱箭脱手，
> 飞电过隙珠翻荷。

还提到《诗经》和韩愈诗里边的例子，说是都不如苏轼这四句之中连用七个比喻这样生动。

《金刚经》里的有名的四句偈：

> 一切有为法，如梦、幻、泡、影，如露亦如电，当作如是观。

也是连用六个比喻，只是每个比喻只用一个字，不能唤起生动的形象罢了。这六个比喻后来就成为佛教徒中流行的术语，叫做"六如"。

二五 说"达"

近来翻阅苏东坡的文集，看到他在给别人的信里谈到写文章，一再引用《论语》里的一句话："辞达而已矣。"他说："辞至于达，足矣，不可以有加矣。"(《答王庠书》)。什么叫做"达"，

他对此有解释，他说："物固有是理，患不知之。知之，患不能达之于口与手。辞者，达是而已矣"(《答俞括书》)。他又说："夫言止于达意，即疑若不文。是大不然。求物之妙，如系风捕影。使是物了然于心者，盖千万人而不一遇也，而况能使是物了然于口与手者乎？是之谓辞达。辞至于能达，则文不可胜用矣"(《与谢民师书》)。你看他，把一个"达"字说得那么难！

按苏东坡的意思，"达"有两个方面：一是"所达"，就是他所说的事物固有之"理"；一是"能达"，就是"辞"，也可以说是这里有两个问题：要能对所要表达的事物有深入的认识，还要能够用恰当的言语把这个认识表达出来。苏东坡所说的"固有之理"或"物之妙"，用现在的话来说就是事物的本相，事物的真实性。文艺理论里的"写真实"含有不回避真实的意思，涉及文艺创作的方向问题，如果撇开这一层意思，那么，写真实是适用于一切文章的写作的。

是认识事物的真实难呢？还是把这个认识说清楚、写清楚难？照苏东坡的说法，"使是物了然于心者，盖千万人而不一遇也，而况能使是物了然于口与手者乎？"似乎表达比认识更难。其实不然。"了然于心"是"了然于口与手"的前提，认识不深入，不真切，怎么能表达得好呢？即使你有本领把你的认识不折不扣地说出来或写出来，仍然免不了是粗糙的，肤浅的。写文章的人都有一个经验：写着写着写不下去了，追根究底还是由于没有想清楚，也就是对事物的真情实况没有认识清楚。比如两个形容词决定不了用哪一个，并不是这两个词本身有什么难于取舍，而是决断不下哪一个词更符合事物的真实。这是最简单的例子，比这复杂得多的问题有的是。相反的情形有没有呢？当然也有，要不怎么会有"非言可喻"，"可以意会，难以言传"，甚至"言语道断"这类话呢？然而这毕竟是少数情况，多数情况是说不清楚由于认识不清楚。总而言之，认识事物的真实的确是谈何容易。

说到"真实"，我不避拆字的嫌疑，还想把这两个字分开来讲。"真"是真情，是本质，"实"是实况，是外貌；实是真的基础，真是实的提高。真比实更重要，可是离开实也很难得到真。画像有貌似与神似之分，貌似是实，神似是真。顾恺之给人画像，最后在脸颊上给人添上三根寒毛，这个人立刻就活起来。然而要是他没有先把脸形画得差不多，光有那三根寒毛也是活不起来的。超现实主义者要在实外求真，多数人接受不了。

把这个道理应用到写文章上来，写一个人不仅是要写他的音容笑貌，写他如何工作，如何娱乐，更要紧的是要写出他的内心世界。倒不一定要通过大段的"意识流"的分析，却往往在一两句话、一两件小事情上流露出来，抓住这个，一个人就写活了。古人之中，司马迁最擅长这一手，后世的史传文章连篇累牍，很少能比得上《史记》里的二三千字甚至几百个字。我们记住一些有名的小说中的人物，也无一不是首先想到他的某一两件事或某一两句话。同样，写一件事情，光写出前前后后的若干情节是不够的，要能把这些情节的内在联系交代清楚。写风景，也不能光写山是如何的青，水是如何的绿，要能写出它所以能叫人流连忘返的奥妙。因而写人就需要直接间接地跟他交朋友；写事就要周咨博访，去伪存真；写景最好是住在那里一段时间，经历些个风晨雨夕，寒往暑来。一句话，得在认识上下一番功夫。光靠字斟句酌是不解决问题的。

议论文字是不是也适用这个道理呢？是不是只要持有正确的论点，或者叫做站对了正确的立场，文章的好坏全凭一支笔呢？恐怕也不能这样说。因为首先要知道这个论点是否正确，这是要自己去辨别的，不是可以请别人，不论是古人或今人，代作主张的。议论文字比别种文字更难写，不但是要对所议论的事物有足够的认识，还要对与此有关的事物有足够的认识，弄清楚这些事物相互间的错综复杂的关系，并且作出价值判断，才能决定赞成什么，反对什么。到了最后阶段，把自己得到这样一种认识的一切依据条分缕析地说给别人，使他不得不信服，这也比写别种文字更难。但是关键仍然在于取得对事物的真实即真理的认识。否则纵使你有如簧之舌，生花之笔，也只能蛊惑于一时，不能欺人于长久。不信，请看罗思鼎与梁效。

所以，写文章不仅仅是一个写的问题，这里边还有一个追求真理、服从真理的问题。凡是认识不清，或者不肯、不敢认识清楚，或者不肯、不敢照所认识的去写，都是不会写出好文章来的。

（《语文战线》1980 年 8 期）

二六　说应用文

什么是应用文？文艺作品以外的文字都是应用文。应用文跟文艺文有三点不一样。

首先，文艺文可写可不写。你想写而又有可写，那就写吧。你不想写，或者没什么可写。你就不写，没有谁逼着你非写不可（当然，这是说，你不是名作家）。应用文可不同，让你写就得写。比如说，开会让你做记录，你能不记吗？你参加了一个调查组，让你写调查报告，你能不写吗？这是第一点不同。

其次是读者。文艺作品写出来了，谁看，不知道。也许除某一刊物的编辑之外没第二个人看过。也许印在刊物上，有很多读者，可是你也不知道是谁、谁、谁，当然也就不知道是不是合乎他们的要求。应用文就不同了，读者是谁，一清二楚。会议记录是给参加会议的人以及跟会议内容有关的人看的。调查报告首先是给领导看的，也可能扩大到一定范围，但仍然是可以预见的。这是第二点不同。

又其次是内容和形式。文艺作品的内容可以由作者决定，他爱写什么写什么（当然要考虑社会效果），形式也可以由作者选择，他喜欢写小说就写小说，喜欢写诗就写诗。应用文跟这不一样。要你起草一个计划，你不能把它写成个总结。要你拟一个公函，你不能把它写成一封私信。内容也是规定了的，你不能写得不全，更不能把规定以外的东西写进去。

这样看来，写文艺文有很大的自由，写应用文受种种限制。可也正是由于这种差别，写文艺文似易而实难，写应用文似难而实易。指导写小说、写新诗的书似乎不多见，有也不见得有用。

二七　我对于"修辞"的看法[*]

《修辞常识》稿已读讫。有些小问题已经随手批注。另外，有两个问题，原稿没有谈到，似可考虑加进去。一个是"陈词滥调"问题，这是目前文风中一个重要问题。一个是"方言"问题，如何掌握分寸，不在不必要的场合用方言词语。这可以加在1.2节。

整个说来，这部稿子还是比较简要，稍事修订就可以用。不过我想借此机会，略微谈谈我对于"修辞"的看法。这是由"前言"里的一句话引起的，这句话是"对语言进行修饰和加工"。这句话很容易引起一种错误的认识。好像说话写文章都可以先有一个朴素的"坯子"，然后对它进行修饰。这样做不会有好效果，反而会产生种种流弊。修辞学，照我的看法，应该是"在各种可供选择的语言手段之间——各个（多少是同义的）词语之间，各种

句式之间，各种篇章结构之间，各种风格（或叫做'文体'、'语体'）之间——进行选择，选择那最适合需要的，用以达到当前的特定的目的"。首先要考虑的是这三个因素：一、题材，二、对象，三、表达方式。题材：说一件事情的经过，解释一种自然现象，说明一种机器，介绍一个工厂，论证一种道理，发起一种运动，等等。对象，即读者或听众：什么文化水平，内行还是外行（对这一题材说），学生（要求系统些）还是实际工作者（要求结合他的工作），忙人还是闲人，等等；还有一种"混合对象"，各色人等都有在内，如广播听众。表达方式：首先，是书面还是口头，颇有分别。书面，是单篇文章还是一本书里的一章一节，是公开发表的还是供少数人参考的，等等。口头，是公开讲演还是小型座谈，还是三五人研究一个问题，是汇报还是传达，等等。这些因素决定当前的目的和需要，文章或讲话的长短深浅，庄重或者轻松，平铺直叙或者波澜起伏。一切词语、句式、修辞手法的选择都要符合这个需要。因此就不能说哪些词语、哪些句法、哪些修辞手法是绝对的好或绝对的坏（甚至有时不得不用"陈词滥调"，有时不得不用"生造词语"），就看用在这里合适不合适。如果把"修辞"只看成是"修饰和加工"，就很容易引导到"刻意求工"的路上去，于是"涂脂抹粉"、"虚张声势"等等流弊都出来了。

如果《修辞常识》的作者同意这样的看法，由这种看法出发，把这部稿子重新写过，我想这会对读者更为有益。

这也会影响到篇幅的分配。现在这部稿子，除去"前言"两页不算，词语和句式合占 36%，修辞手法占 64%。即使没有前言里的那句话，读者也会认为修辞的能事就是用"比喻"、"夸张"、"对偶"等等手法来"进行修饰和加工"。当然，不仅仅是一个分配篇幅的问题，但也不能不说这是一个问题。

由一句话引起这样一些想法，恐怕也不全对头，请编辑部和作者共同研究吧。

（《中学语文教学》1984 年 8 期）

二八　学文杂感

写和改

好文章是改出来的。古今中外有名作家修改文稿的故事很多，我不想重复引述。我的看法是：下笔成文者有之，改而改坏者也有之，但都是少数。多数情形，甚至可以说是大多数情形，是改好了的。

不要写好就改。放它十天半个月，让它冷却，再拿起来修改。当时修改，除改正脱误外不容易有重要的修改，因为思路未变。也不要隔得太久，一年半载，因为到那时，原来的想法已经忘了，会另有想法，写成另外的样子，跟原作是两回事了。

晚改不如早改

写好之后，反复修改，反复查对资料，非常必要。付印之后可以在校样上改，但是受版面限制，不能称心地改。到了发表之后发现错误或措辞不妥，当然还可以"勘误"，可那就麻烦了，有的编者非常不愿意登勘误（家丑不可外扬?）。即使可以勘误，也不能在文句上作较大的修改。

谁流汗

作者不流汗就要读者流汗。作者只一人，读者千千万。为多数人的方便牺牲一个人的方便是应该的。这也是一种民主。

自学与从师

自学与从师其实是一回事，五十步与百步。不善学者，有人举一而自己不反三，等于没有老师。善学者没有人举一自己也能反三，自己是老师。看别人的文章就能悟出作文之道。如何开头，如何结尾，前后照应，口气软硬，何处要整齐，何处要变化，全都可以从别人的文章里学来。

有人要拜名师，名师是吕洞宾，他的手一指，你的文章就好了。没有这样的事。他只能指出一条路，路还是要你自己走。指路牌有的是，新华书店里的作文指导书还少吗？你怀疑这些书是否有用？我说：都有用，也都没有用。看你会不会用。主要是看好文章。不要囫囵吞枣，要细细咀嚼，自然会嚼出道理来。

（《中学语文教学》1983 年 9 期）

二九　语句次序（一）

语句的先后词序往往影响整体的意义或作用。流传下来的例子，如"屡战屡败"和"屡败屡战"，"虽事出有因，而查无实据"和"虽查无实据，而事出有因"，"法无可恕而情实可悯"和"情实可悯而法无可恕"，都为大家所熟悉。下面举几个现代的例子，虽然没有上面所说那些例子的严重，可是确实有一个较好和较差的问题。

（1）有一种卫生纸的包装纸上印着四行十六个字："经济适

用，吸水力强，质地柔软，欢迎选购。"这就不如"质地柔软，吸水力强，经济适用，欢迎选购。"先说质地，次说功能，然后说经济适用，这样的次序较为合理。

（2）"大凡拍马屁的，又总有其目的，或者想保住些什么，或者想获得些什么，因而也不是对谁都顺从、迎合、奉承献媚的。"这里的两个"或者……"倒转过来较好，"获得"在先，"保住"在后，虽然不一定指同一个人，也是顺着这个次序说比较合乎事理。

（3）"增产粮食是对咱们全国、全省、全公社头等重要的事。"这一句把"全国、全省、全公社"改成"全公社、全省、全国"较好。从较不重要的说到较重要的，这是一般的原则，在修辞学上叫做"渐增法"（climax）。原句的次序则是"反渐增法"（anticlimax），只是特别需要的时候才用得着。

三〇　语句次序（二）

下面这几个句子里的词序是值得考虑的。

　　就其含义来说，朴素唯物论者米列斯基对水的理解与

2000 年以后圣乔治依据大量科学实验事实所做的结论有着天渊之别。(《百科知识》1981 年 9 期 48 页)

说"天渊之别"则前面所引事例应该是相当于"天"的在前,相当于"渊"的在后,否则会在读者的认识上引起混乱。

据市气象台预报,〔十月〕一至二日天气以晴为主,三日多云间阴,有零星小雨或小雨。(《北京晚报》1981 年 9 月 30 日)

气象台预报有它自己的习惯,总是从小到大,比如"有小雨到中雨"。但是这里把同一名词的有修饰语的放在前面,把没有修饰语的放在后面,却正好跟一般人的习惯相反,"小雨或零星小雨"听起来更顺当。可以比较"够用或基本够用","获得丰收或大丰收"。

是站在八十年代的思想高度,用发展的眼光来看待他们呢,还是站在五十年代、六十年代、七十年代的思想水平,以凝固的眼光来看待他们呢?(《小说选刊》1981 年 10 月号 72 页)

应用两歧设问的句法的时候，大多数情况是把意在肯定的一方说在后头，这里是倒过来了。

三一　语句次序（三）

下面是新华社的一则电讯（1982 年 1 月 16 日）：

> 新华社发出酵母丙氨酸转移核糖核酸人工全合成在上海胜利完成的消息后，广大读者非常注视，科学界人士也非常重视，引起了强烈的反应。

这一句的末了三个分句的次序最好能调整一下，这样：

> ……引起了强烈的反应，科学界人士非常重视，广大读者也非常注视。

"引起了强烈的反应"是比较抽象的总的说一句，然后具体落实到科学界人士，再附带提到一般读者。决不能把"也"字放在"科学界人士"之后，好像以一般读者为主而科学界人士倒是陪衬。

除次序外还有两个小问题：(1)"引起"的主语是什么？我们在上面假定它是"……的消息"，但是也可能是"科学界人士"（按"引起"的新兴用法）。如果是后者，最好换一个动词，免得产生歧义。(2)"注视"的意思比较具体，有点"拭目以待"的味道，对于"广大读者"，似乎用"注意"较为合式。

三二 一首诗的两种语序

唐朝诗人李涉有一首——或者应该说是"有一句"——有名的诗：

> 终日昏昏醉梦间，忽闻春尽强登山。
> 因过竹院逢僧话，偷得浮生半日闲。

末了这句"偷得浮生半日闲"是经常被人引用的。

宋朝有一位诗人有一天也是出游，信步走进一座佛寺，"颇有泉石之胜"，就把上面这首诗念了一遍。后来见了庙里的住持和尚，谈了一阵，觉得这和尚很俗气，就告辞了。那和尚请他题首诗留个记念，诗人一挥而就。诗曰：

> 偷得浮生半日闲，忽闻春尽强登山。
>
> 因过竹院逢僧话，终日昏昏醉梦间。

同样四句诗，头一句跟末一句倒了个个儿，意思大不相同。这个故事见于宋人笔记，可惜不记得书名了。

　　按：此事见元朝白珽的《湛渊静语》(渊＝渊)。

1983 年 4 月补记。

三三　临时单音词

　　语言学上有所谓"临时词"，如"每个"、"写得出来"，它的成分有不能独立的，不得不承认整体是一个词，可是它的成分都是结合面很宽的，尽管组合在一起，却没有单一的意义，因而只是个临时词（trancient word）。也有相反的情形，有些字单独不能说，也就是所谓"粘着语素"，可是放在一定的上下文里就不得不承认它是一个词。这也是一种临时词。例如单独说的时候得说"眼睛",可是能说"瞎了一只眼"。单独说"房子",可是北京地名有"九间房"、"三十间房"。单独说"售货员"、"服务员"……,可是一度盛行过"八大员"。

数词或指示词加量词的后头常常出现这种临时性的单音词。例如:"出了五道题"、"这道题不难",不必说"题目"。"双轨送料法,……这个法那个法的搞了不少",说"法子"反而生硬。最近发表、传诵一时的一篇小说《小镇上的将军》里边有这么一句:"像他这种人,都比我们多两个籍,我们只有个家乡籍,他还有一个党籍,一个军籍。"——这个"籍"还没有一个相应的双音词呢。

"什么"之后,这种临时单音词尤其常见。"你记不记得那地方叫做什么斋来着?""一张的叫做年历,十二张的叫做月历,这个六张的该叫做什么历呀?""我倒要问你,你这办的是什么公?""甭道什么歉,下次小心点儿就是了。"后两例是把动宾式双音词拆散的结果。

动宾结构特别容易拆开。"提个议","留点儿神","你先起个草","看小说入了迷","不,不,不能,我宁可什么也不干,这个险万万冒不得",——能举出一大堆。

动补结构的词被拆开的例子:"词典总是落后于语言的发展,

有的还落得很后。"

并列结构里边也容易出现这种临时性单音词。例如:"挤眉弄眼儿","知书识字","一心一意","送医送药上门","不要你的金,不要你的银"。

还有一种情形是从上文的一个双音词里抽出一个音节来单用。例如:"在这些国家,人民是要革命的,但是现在还革不起来","你看,这都是你们统收统发统出来的!"

三四　双音节优势的一种表现

在现代汉语里有很多一正一反成对的动词或形容词,其中否定的一个采取"不 x"的形式,而肯定的一个采取"xy"或"yx"的形式。按照"y"的意义虚实和位置先后,分成几个类型如下:

A 型	B 型	C 型	D 型
不宜：宜于	不同：相同	不容：容许	不易：容易
不善：善于	不等：相等	不足：足够	不乏：缺乏
不敢：敢于	不符：相符	不公：公平	不怕：害怕
不便：便于	不信：相信	不能：能够	不实：属实
不免：免于	不愧：有愧	不必：必须	

不可：可以　不利：有利　不满：满意　　　E 型

不难：难以　不定：一定　不甘：甘心　不仅：仅仅

不幸：幸而　不久：好久　不忍：忍心　不单：单单

这里边，有些"x"还能单用，如"能、敢、难、信、怕"；有些"不 x"也可以说成"不 xy"，如"不相信、不相同、不能够、不容易、不仅仅"等等；有些"不 x"不如"不 xy"更接近口语，如"不符"不如"不相符"，"不容"不如"不容许"等等。尽管有这些情况，总的说来是：否定以"不 x"为标准，而肯定则要求在"x"前后加上一个"y"。

三五　节律压倒结构

说话写文章，可以整齐的地方让它整齐，这好像是汉语古往今来一贯的趋势。有时候，尽管结构上不一样，不注意竟还不觉得。例如：

> 他吃饭捡剩的，穿衣要旧的，擦脸油要不香的，看电影要不洋的。(《北京晚报》1982 年 9 月 7 日)

"吃饭"、"穿衣"、"看电影"都是一个动词加一个名词（动宾格），可是"擦脸油"只是一个名词。又如：

> 过去人们都叫他"憨大"：革新革不来，生产干不来，学习学不来，讲话讲不来。（出处失记）

"生产干不来"是一个类型，受事名词在前，动词在后，没有重复的字眼。另外三个短语是一个类型，各自的前后两段都是动词，并且重复一个字。可是这三个短语又不完全一样："讲话"是动词加宾语，"讲不来"是重复其中的动词，"革新"和"学习"都是双音动词，"革不来"、"学不来"是重复其中的一个成分，"革"字并且是本来不能单用的。

三六　整齐和参差

在一切艺术作品里都可以有整齐的美，也都可以有参差的美。写文章常常会遇到一种情形：在平行的语句里，重复同一个字眼好呢，还是避开同一个字眼好？在下面这个例子里，作者是有意不用相同的字眼：

　　我们那时想笑则笑，欲哭就哭，要骂便骂……做文做人首要的就是真实。(齐岸青《执火者》载《小说选刊》1985年9期)

是这样好呢，还是重复相同的字眼好，比如"要笑就笑，要哭就哭，要骂就骂"? 见仁见智，请教读者。

三七　同义反复

同义反复 (tautology) 有时候产生积极的修辞效果。例如：

　　老乡们，咱们盼星星盼月亮，日盼夜盼的东西，今天盼来了。今天咱们得跟老日子打个招呼，您请吧，再也见不着您了。老乡们，全新的生活，幸福的生活，今天，此刻，脚下，开始了! (林斤澜《春雷》)

但更多的时候是产生消极效果。像话剧《抓壮丁》里的王保长，一张嘴就是"现在而今眼目下"，让人觉得非常可笑。这是作者在有意刻画。可惜有些作者犯了这个毛病而自己不知道。

三八　重复得好

词语的重复，一般地说，应当避免。但是有时候故意重复同一词语可以收到修辞上的积极效果。例如：

> 他慢慢地拿起烟袋，慢慢地装上烟，慢慢地点上火，慢慢地喷出青烟。(林斤澜《学生的家信》)

重复"慢慢地"，更能表达"慢"的神态。

> 早晨，来到地头，我看着黄澄澄的阳光里，水嫩水嫩的白菜仿佛长高了许多，我禁不住心里痒痒的，手里痒痒的，嗓子里也痒痒的。(同上)

重复"痒痒的"，更能表达跃跃欲试的神情。

如果把这两句改成"他慢慢地拿起烟袋，装上烟，点上火，喷出青烟"和"我禁不住心里、手里、嗓子里都痒痒的"，跟原句比较起来，就平淡到了乏味的程度了。

三九　重复"一个"、"这个"、"那个"

一个名词的前头有"一个"或"这"、"那"又有别的附加语的时候，可以有两种次序，或是"一个"等在前，或是"一个"等在后。有些情形只能采取一种次序，当然；可是兼有两种可能的也很多。因此有已经在头里用了个"一个"等等又在底下重复的情形。重复"一个"的例如：

当时便叫身边一个知心腹的一个道人，唤做清一。(《清平山堂话本》13.2)

这章三益是个善善良良的一个老儿。(《遇恩录》36)

摇身说变，竟变了一个最标致美貌的一位小姐。(《红楼梦》19.25)

身后坐着一个纱罗裹的美人一般的个丫鬟在那里捶腿。(又39.9)

你看二爷到底是个怎么样的个人？(又91.5)

他笑着回头向一个仰卧在白色车床上的一个女人说。(《冰心文集》268)

你是一个无依无靠的一个男人,我是一个无依无靠的孤女。(丁西林《妙峰山》)

我好像一个担簦蹑屩足迹遍万里的一个旅客。(《生活导报》63 期)

到家就看见一张使馆里送来的一张纸条儿。(《大公报》1944 年 5 月 2 日)

重复"这"、"那"的例如:

王庆接了卦钱,对着那炎炎的那轮红日弯腰唱喏。(120 回本《水浒传》,《序》42 页引,原文见 102 回,无第一个"那")

我们老太太最是惜老怜贫的,比不得那个诳三诈四的那些人。(《红楼梦》39.8)

凡那些送字样子送诗篇儿这些门路都不晓得去作。(《儿女英雄传》1.15)

只抓了那庙上买的刀儿、枪儿、弓儿、箭儿这些要货,握在手底下,乐个不住。(又 19.25)

为了意义的表达，这种重复并无必要，因此虽然有这么多的先例，毕竟是不足为训。可是也正因为有这么多的例子，可见不能完全归咎于作者的粗心；在这背后有更根本的原因——两种可能的词序所引起的心理冲突。《妙峰山》一例的上句重复而下句不重复，《水浒传》一例的原文无而序文有，最可玩味。

还有，《儿女英雄传》第一例前面用"那些"，后面用"这些"，第二例前面用"那"，后面用"这些"，也值得注意。这说明这种伴随附加语的指示词，用"这"和用"那"没有什么分别，但在附加语前面倾向于用"那"，在附加语后面倾向于用"这"。

四〇　掉个过儿还是一样

1981 年 7 月 6 日《人民日报》第八版上的一篇文章里有这么一句：

在家里，我对儿媳像闺女一样，儿媳对我也像亲妈一样。(A)

把这里边的"闺女"和"亲妈"掉个过儿：

在家里，我对儿媳像亲妈一样，儿媳对我也像闺女一样。(B)

意思丝毫不变，你道怪也不怪? 再一想，也不难理解。这是因为这两个句子里都有省略：

在家里，我对儿媳像〔亲妈对〕闺女一样，儿媳对我也像〔闺女对〕亲妈一样。(A′)

在家里，我对儿媳像亲妈〔对闺女〕一样，儿媳对我也像闺女〔对亲妈〕一样。(B′)

去掉括号，(A′) 和 (B′) 的字句完全相同，所以 (A) 和 (B) 的意思也完全相同。

有人说语言里边无所谓省略。像这个句子，不用省略就没有法子解释为什么 (A) 和 (B) 意思相同。

四一 辽代的南京＝辽代的北京

1982 年 10 月 31 日的《北京晚报》上有一则笔记，它的标题是：

从已展出的契丹女尸谈到北京，

即辽代的南京——

辽 代 的 北 京

底下就讲辽太宗把石敬瑭割让给辽的燕云十六州中的幽州升为南京，为辽的五京之一（五京是上京、中京、东京、西京、南京），城方三十六里，有八个城门等等。

小标题里的"辽代的南京"跟大标题的"辽代的北京"指的是同一个实体，可以在它们中间加上等号。可是如果再把等式两边的相同项"辽代的"消去，这个等式就变成"南京＝北京"。这当然是荒谬的。那么这里究竟是个什么问题呢?

问题是两个"辽代"有分别，两个"的"也有分别，因此二者之间能够加等号。"辽代的南京"里边的"辽代"是就政治上说，指中国北方的一个朝代;"辽代的北京"里边的"辽代"是就时间上说，指第 10 世纪初年到第 12 世纪初年这一段时间。怎么又说是两个"的"字也有分别呢?"辽代的南京"的"的"表示隶属关系，这个"南京"是属于"辽"的（例如，可以区别于"宋"的"南京"，即现在的商丘县);"辽代的北京"的"的"表示时间—空间关系，倒个过儿就是"在"，"辽代的北京"等于"北京在辽代"。"辽代的南京"的"的"相当于英语的 of，"辽代的北京"的"的"相当于英语的 in。

四二　汽车医院和水果医院

1984 年 8 月 30 日的《人民日报》上，我看到一条报道大连市建成"汽车医院"的消息。乍一看"汽车医院"这四个字，很容易理解为配备了医护人员和医疗器械与药品的、进行巡回医疗的大汽车。可是看完了这段报道，才知道满不是这回事，原来是一种用电脑控制的汽车检测站。它不是给人看病的，它是给汽车看病的。这样看来，"汽车医院"可以有两种理解：按照前一种理解，它属于"帐篷医院"、"马背医院"一类，按照后一种理解，它属于"儿童医院"、"妇女医院"一类。

过了不到一个月，9 月 19 日的《北京晚报》的《科学长廊》上又登出一篇以《应该开设水果医院》为题的文章。我想这大概又是"汽车医院"的同类，是给水果即果树治病的医院吧？谁知道又错了，不是人给水果治病，是水果给人治病。它说的是水果能治多种维生素缺乏症，"当前正是水果大量上市的季节，凡是患有上述维生素缺乏症的病人，可以多吃些水果。""到了今天，人们还在利用水果治病，例如苏联克什米亚（按：应为'克里米亚'）海滨就有用水果治病的医院。在这里，病人不打针吃药，而是一天按时给水果吃。"这样理解的"水果医院"属于"针灸医院"、"按摩医院"一类。

让我们试从语义方面稍加分析。"马背医院"、"帐篷医院"都是"名$_1$+名$_2$",名$_1$ 表示名$_2$ 所在的处所。"儿童医院"、"妇女医院"乃至"汽车医院"是另一种语义结构,"儿童、妇女、汽车"首先跟"医"联系,是"医"的对象,然后这整个组合才跟"院"发生关系,表示"院"的职能。从语法上讲仍然是"名$_1$+名$_2$",从语义上讲则是"(名$_1$+动)+名$_2$"。跟这个可以相比的是"山水画家"、"京戏演员"、"音乐教室"等等。

"针灸医院"、"按摩医院"乃至"水果医院"又稍微不同些,"针灸、按摩、水果"不是"医"的对象而是"医"的手段(工具)。它们的语义结构跟"儿童医院"等等相同,都是"(名$_1$+动)+名$_2$",只是"名$_1$"不代表对象而代表手段。跟这个可以相比的是"水彩画家"、"钢琴演员"、"电化教室"等等。

四三 说"互相"

一

早些时在《人民日报》(1987年5月27日第7版)上看到一条新闻的标题:《美两位换心者互相见面》,当时觉得这里边好像有个什么问题,可是一时没想出个所以然,也就没再去想它。最近想起这个问题,又琢磨了一阵,似乎能说出点道理,写下来请同志们指教。

先说,如果这个标题是《美两位换心者相见》,就一点儿不觉得怎么样。("换心"指心脏移植。)可是把"相见"改成"互相见面",就觉得不对劲,觉得这个"互相"是多余的,《两位换心者见面》就够了。

为什么?因为"见面"是由双方共同实现的行动,"互相"的意思已经包含在里边了。那么,为什么"相见"又没问题呢?因为"见",也就是"看见",是单向行动(姑且称为"行动"),是一方对于另一方的行动;甲看见乙,乙不是必然也看见甲。如果要表示在甲看见乙的同时乙也看见甲,就得说"相见"。(当然"相见"还含有事先作了安排,不是偶然相遇的意思,这一层意思与本文讨论的问题无关。)至于"见面",那就不是单方面可以实现的行动,也就是说,互相的意思已经包含在里边了。

凡是必得由双方共同实现的行动,都不需要加"互相"。下面的例子,有的不会出现,有的可能会出现,但是经不起推敲。

* 互相握手 * 互相分手 * 互相会合 * 互相合作

* 互相同意 * 互相竞赛 * 互相对抗 ? 互相商量

* 互相辩论 ? 互相冲突 ? 互相斗争 ? 互相妥协

? 互相比赛

有些动词的意义既有两方共同的成分，又有一方对另一方的成分，可以加"互相"而不感觉有什么不合适。例如：

互相辩驳（比较"? 互相辩论"）

互相攀比（比较"? 互相比赛"）

二

另一方面，凡是意味着有施和受两方面的动词，要表示施事同时也是受事，就得加"互相"。例如：

互相访问　互相学习　互相勉励　互相尊敬　互相依靠

互相监督　互相防备　互相攻击　互相勾结　互相埋怨

这一类动词，表示单向行动的时候，采取"甲 V 乙"的形式，例如"甲访问乙"。

另外有一类动词可以加"互相"，但是因为动词本身是个动宾组合，表示单向行动的时候，不能采用"甲 V 乙"的形式，只能在"乙"的前边加一个介词，把它连接在"甲"的后头。例如："甲乙互相送礼"＝"甲给乙送礼，乙给甲送礼"。别的例子：

互相赔礼：甲（乙）给乙（甲）赔礼

互相捧场：甲（乙）给乙（甲）捧场

互相道喜：甲（乙）向乙（甲）道喜

互相认错：甲（乙）向乙（甲）认错

互相报告情况：甲（乙）向乙（甲）报告情况

互相保证……：甲（乙）向乙（甲）保证……

互相诉苦：甲（乙）对乙（甲）诉苦

互相提意见：甲（乙）对乙（甲）提意见

互相捣乱：甲（乙）跟乙（甲）捣乱

互相打听消息：甲（乙）跟乙（甲）打听消息

有的只能把受事的一方利用"的"字插进动宾组合中间去。
例如：

互相帮忙：甲（乙）帮乙（甲）的忙

互相拆台：甲（乙）拆乙（甲）的台

互相请客：甲（乙）请乙（甲）的客

互相贴大字报：甲（乙）贴乙（甲）的大字报

还有超出上面两种格式之外的，例如：

互相推诿责任：甲（乙）把责任推给乙（甲）

四四　说"该"

《人民文学》1987 年 1—2 期合刊 240 页有下列句子：

　　康明斯曾受出版社之托组某作家稿，发现该人根本不会

写作，只好自己代写了百分之九十。

　　这"该人"二字非常刺眼。"人"前面能不能用"该"呢？且查查

词典。

　　《辞源》：㊂旧时公文书中指上文说过的人或事等，如该员、该

件、该处、该案。

　　（辞海）：④指上文说过的人或事物，多用于公文。如：该员；

该件。

　　《现代汉语词典》：指示词，指上文说过的人或事物（多用于

公文）：~地交通便利／~同志一贯表现积极。

三种词典都说"该"字多用于或只用于公文，上面所引《人民文

学》的文章不是公文，"该"字用得不妥。可是再一想，即使是公

文，似乎也没见过"该人"的例子。这又是怎么回事呢？原来是

除了文体之外还有两个因素左右"该"字的使用。一是"该"字

多用于职称之前，不大用于其他名称之前；一是"该"只用于上

级对下级或官府对庶民，没有相反的。比如府里对县里行文可以

称"该县"，倒过来不行；这个县对那个县只能标"贵县"（知府

与知县面谈时也要客气些，称"贵县"）。官府之外，"该商号"、

"该经理"、"该校"、"该校长"等等也合于习惯；学校在布告或给家长的信中也可以称"该生"。"该员"的"员"指官员，不是人员的意思。"人"既不是职称，又无上下级可分，所以"该人"从来不见于文字。

"该"用于职称或类似的名称之外的例子不多，《辞源》举"该件"、"该案"二例是比较常见的，也都是公文中用语。用于政区，"该省"没有歧义，"该府"、"该县"都可以兼指知府官、知县官。笼统的就称"该处"。"该"不用于时间名称，没有"该年"、"该月"的说法。

《现代汉语词典》所举二例"该地"、"该同志"都有点可疑。

最重要的是一定要记住："该"是旧时公文用语，现代的公文里已罕见，一般文章里更不合适。《人民文学》那篇文章里的"该人"，如果用大白话，该说"那个人"；如果要带点感情色彩，不妨说"此人"、"此君"，或者"这位老兄"。

【后记】最近在汪曾祺的小说《皮凤三楦房子》里看到一段关于"该人"的按语："按：'该人'一词见之于政工干部在外调材料之类后面所加的附注中，他们如认为被调查的人本身有问题，就提笔写道：'该天'如何如何，'所提供情况仅供参考'云云。"看来"该人"见于文字是不早的。

1988 年 11 月 1 日

四五 "谁是张老三？"和"张老三是谁？"

三年前有一天在一篇小说里看到前后相连的这么两句问话：

什么是爱情？爱情是什么？

我就想，这两句问话的意思一样不一样呢？想来想去，觉得只有一种意思，没有什么两样。

接着我就想，如果把"什么"换成"谁"，比如说，

谁是张老三？张老三是谁？

情形是不是相同呢？我发现"谁是张老三？"有两种意思，一种意思等于"张老三是谁？"一种意思不等于"张老三是谁？"

问"张老三是谁？"是问张老三是怎么个人，是一位老师傅？一位司机？你的街坊？你们单位里的同志？等等，等等。

问"谁是张老三？"就有两种可能。一种可能是你在说话中间提到一位张老三，我不知道这个人，我可以问你"张老三是谁？"也可以问你"谁是张老三？"两句话一个意思。（就跟"爱情是什么？什么是爱情？"一样。）可是如果你和我走进一个会场，我知

道有一位张老三在里边，我不认识这个人，要你指给我看，我就只能问"谁是张老三？"决不会问你"张老三是谁？"可见"谁是张老三？"有两种作用，或者是要求指出张老三这个人，或者是要求说明张老三这个人，而"张老三是谁？"则没有前一种作用，只有后一种作用。

到此为止，问题解决了一半，就是说，知道"什么是爱情？"等于"爱情是什么？"而"谁是张老三？"不一定等于"张老三是谁？"至于为什么会有这个分别，仍然是一个疑问。三年以来，也有时候想到它，可是一直没有认真思考。

最近参加一个会，听着一个冗长的发言，不免胡思乱想，忽然又想到这个问题，一下子恍然大悟。我是从方言里得到启发的。有许多方言不说"谁"而说"啥人"（及其各种变体），又有别的许多方言不说"谁"而说"哪个"（及其各种变体）。在这些方言里，"啥人"或者"哪个"都是全面的等于"谁"的。我忽然想，如果有一种方言，既说"啥人"又说"哪个"，那就必然有所分工：在要求说明一个人的时候说"张老三是啥人？"在要求指出一个人的时候说"哪个是张老三？"事实上有没有这样一种方言，我不知道。我只是假定有这样一种方言，可以用来解答为什么"谁是张老三？"不一定等于"张老三是谁？"因为拿这个假设的方言做标尺，前一句的"谁"有时候等于"哪个"，有时候又等于"啥人"，而后一句的"谁"只等于"啥人"。

四六 "吾"是"我"，"我"是谁？

近来看冯友兰先生的《三松堂自序》，看到一个笑话，涉及语言的问题。下面引原文（285页）：

> 先生给学生讲《论语》，讲到"吾日三省吾身"，先生说，"吾"就是"我"呀。学生放学回家，他父亲叫他回讲，问他"吾"是什么意思？学生说"吾"是先生。父亲大怒，说"吾"是我！第二天去上学，先生又叫学生回讲，问"吾"是什么意思？学生说"吾"是我爸爸。

冯先生对这个故事的解释是：这个"我"是抽象的"我"，既不是他的先生，也不是他的爸爸，正如"面包"是指抽象的面包而不是指这一个或那一个面包。这个比方是不确切的。"我"是指代词，指代词跟名词、动词等等不同，它只有指示的对象，没有固定的概念内容。一方面，同一个"我"可以在不同的场合指不同的人；另一方面，同一个人可以在不同的场合被称为"我"或"你"或"他"。这是"面包"办不到的，它可以指这一块或那一块面包，可是不能有时候指面包，有时候指黄油。

四七　"您们"和"妳"

"您们"不见于知名作家的作品，更不见于议论文字，但是在私人信件特别是年轻一辈的笔底下已经相当常见，至少已经有二三十年了。据我所知，北京人嘴里没有"您们"，不知道其他北方方言里有没有。最近在《人民文学》1981年7月号《乡村酒肆》(作者赵金九)里看见一个例子："您们要是相信我，就听我说一句话。"不知道作者是不是在口语里有根据；如果有，是哪儿的方言？

跟"您们"不同，"妳"纯粹是个写法问题。这个字的流行范围似乎跟"您们"大致相同，但是以女性中间为主。这个字的历史比"您们"长些，解放前已经有了，不知道早到什么时候。

四八　关于"您们"

我在《中国语文》今年第2期里写了一篇短文，谈到"您们"，说是私人信件里常见，文艺作品里罕见，举了《人民文学》1981 年 7 月号里一个例子。现在再提供几个例子：

> 我拥护您和您的同僚们。您们是国家的精华和希望。您们失去了太多的时间，我相信您们会夺回来。(王蒙《蝴蝶》《王蒙小说报告文学选》385 页)
>
> 您们给了我们生活的勇气和前进的力量！(从维熙《伞》《小说月报》1981 年第 11 期 16 页)
>
> 尝到劳动滋味的人有福了，因为社会主义的幸福是您们的。谨向您们致贺，向一切劳动人民致敬，并祝新年之禧！(老舍《贺年》，转引自《语文学习》1982 年第 2 期 55 页)

至于口语里有没有，我为此事曾经在北京城区做过点调查。我请一位在区教育局工作的同志在几个中学的学生中间调查，他告诉我："在中小学生的日常说话中，没有听见有说'您们'的。学生见了几位老师在一起，也只说'老师们'，不说'您们'。不过，在念文章或发言稿的时候有说'您们'的，那是因为书上或稿子上写着有。"另外，一位初中教师告诉我，她的班上没有学生说"您们"，但她的一位教高中的同事告诉她听见个别学生说过。可是另一位中学老师告诉我，他那个学校里很多学生说"您们"，我怕他调查时没有交代清楚，念文章不算。另一位同志调查了他认识的老北京人，其中有老年人，结论是："'您们'在口语中确实出现过，但用得很少，主要见于三句话：(1)您们吃饭了吗?(2)您们请回吧!(3)给您们添麻烦了。"对这个问题有兴趣的同志不妨进一步调查。

四九　动物称"们"*

一般都说，"们"只用在人称代词和称人的名词之后，动物名称之后用"们"只出现在童话之类的作品里。这个话基本上正确，间或有例外。

　　当他找到骆驼们的时候，他的心似乎全放在它们身上了。(老舍《骆驼祥子》)

　　他照例把七八只绵羊往河滩的草丛里一撒……羊们就啃起

---

　　* 《中国语文》1958 年 6 月号的《藁城方言里的"们"》一文也谈到动物称"们"的现象，可以参阅。

草来。(赵金九《乡村酒肆》,《人民文学》1981 年 7 月号)

夜里,耗子们在纸顶棚上一趟一趟地游行。(苏叔阳《傻二舅》,《人民文学》1981 年 8 月号)

"鬼"算不算称人的名词呢? 有"鬼们"的例子:

要是鬼们哪一天吃了解药 (据说鬼魂都得吃迷魂药),明白过来,非得找他算账不可。(苏叔阳《傻二舅》)

当然,这些都是见于书面的例子,究竟口头上这样说不说,还有待于调查。

五〇 "他"和"她"

一

"他"和"她"只是在书面上有区别,听起来都是 tā,分不出男和女的。放在一定的上下文里头,一般能分别,但也不是没有听错了的可能。请看:

　　我们结婚的那天，他脸上紫疱涨成了黑色，红鼻头像蜡烛一样又硬又光，他的又短又小的身体紧紧地裹在新衣服里面，让人看了有一种很伤心的想法。我穿一套酸黄瓜色的衣服怪别扭的。我听见母亲在厨房里高声对人说："ta 一丁点儿也配不上 ta。ta 找上了 ta，真是 ta 天大的运气——"

假定您是在厨房听母亲说话的客人，请您猜，这五个 ta，哪几个是"他"，哪几个是"她"？十有九您会以为第一个、第四个、第五个 ta 是"他"，第二个、第三个 ta 是"她"。您再听下去（还是那位母亲的话）：

　　"我一直认为 ta 是会嫁不出去的。"

这一下全翻了个儿了。这第六个 ta 是可以嫁的，那就只能是女的，只能是"她"。因而全文也只能是：

　　"她一丁点儿也配不上他。他找上了她，真是她天大的运气。我一直认为她是会嫁不出去的。"

书面上是搞通了，可再一想，那位"母亲"真能这么一个 ta 接一个 ta 的往下说吗？她不会意识到要把听的人搞糊涂吗？或者第

二、第三两处说的不是"ta"而是男的名字；或者第一、第四、第五处说的不是 ta 而是女的名字。

最后应该交代引文的出处。引文见于 1986 年 12 月《小说选刊》112 页。

二

1988 年第 11 期的《北京文学》上有一篇小说《黄伞》(作者刘心武)，里边说到一家人家，主人两口子都不在家的时候，来了一位客人，等了一会儿就走了，落下一把黄色的伞。主人夫妇回来问保姆，客人什么模样，留下话没有，保姆回答不上，甚至连客人是男是女都忘了。"再一个清晨，两口子临出门对银娣千叮咛万嘱咐，倘若那人再来而他们都未回家，一定要问清他或她姓什么叫什么从哪儿来为个什么，并且最好请他或她留下来等一等，给他或她沏一杯茶，倘若他或她又不等到主人回来便走掉，那么一定提醒他或她别忘了带走上次留下的那把黄伞，并且应当记住他或她大约多高大约多大是胖是瘦穿着打扮有什么特点说话有没有口音……"

这一段话里边，"他或她"出现六次。实际说话里边会出现"ta 或 ta"吗？肯定不会。大概只会出现一个字——ta。这个

tɑ 写成汉字是"他"还是"她"呢？大概只会是"他"，因为这是老字号，"她"是分店。紧接着的底下一段是银娣说话，她说："我让他留张条子再走。"……她没有说"他或她"。为什么作者让这两位主人说"他或她"而让那保姆说"他"，为什么要作这样的不同处理呢？大概是借此表示他们的文化高低不同吧。然而"他或她"是绝对不会出现在实际说话里边的，不管加不加引号。

下面还有一段："吃饭的时候她问他：'你在单位里是不是跟人家讲了？'他愣了一下，摇头。她便知道他一定是穷极无聊，跟同事们讲了家里忽然多出把黄伞的事儿。她用劲扒饭，筷子碰得饭碗噼叭响，两眼恨着他。他心中直后悔。"

这读起来没有问题，可如果是拿到电台去广播，就又弄不清是男的埋怨女的还是女的埋怨男的了。要不看书光听讲，至少得把第一句改成"吃饭的时候女的问男的"。

总之，咱们得记住："她"是个只能在书面上起作用的字。

五一　他爹，他儿子

请看下面这句话：

他爹受了一辈子的苦，只有一个愿望，就是把他儿子送进学堂去念书。

两个"他"指两个人。"他爹"里边的"他"是"他儿子"里边的"儿子"，"他儿子"里边的"他"是"他爹"里边的"爹"。这一句要是翻成英语或类似英语的语言，决不能两处都用"他"。英语在这里用有定冠词 the，汉语在这里不能用"这"或"那"。

五二 二十年前，二十年后

在下面这句话里，

二十年前他还是个给地主放羊的苦孩子，二十年后他已经是个群众拥戴的生产队长。

"二十年前"是从现在算到那个时候，"二十年后"是从那个时候算到现在。前者的起点是后者的终点，后者的起点是前者的终点。如果是同一个起点，那就相去四十年了。不是那个意思。

五三 立足点

一

比较下面这两句：

这地方，你进去了就出不来了。

这地方，你进来了就出不去了。

说第一句话的人站在"这地方"的外边，说第二句话的人站在"这地方"的里边。立足点不同，使两句话的"言外之意"也有所不同。第一句话像是好心的警告，第二句话有可能是好心的警告，但也有可能是幸灾乐祸。

二

在某种场合，不同的方言在用"来"或用"去"上有分歧。比如两位朋友甲和乙在某一公共场所相遇，甲对乙说：

今儿晚上，你有空的话，请到我家来／去。

用"来"还是用"去"因方言而异。大体说，北方方言多用"去"，南方方言多用"来"。这也是立足点不同的缘故。

五四　语境

"他不会说话"可以用于婴儿，意思是他还没有获得说话的能力；或者用于哑巴，意思是他丧失了或者原本没有说话的能力；或者用于正常的人，意思是他说错了话，得罪了人，或者把事情闹僵了。这句话五个字，这种种分别是由哪个字产生的呢？"话"？"说"？"会"？词典里说"会"字有"有能力"和"擅长"两种意义，其实这也只是程度之差而已。即使承认这个差别，也只能使第三种情况区别于前两种情况，又是什么使前两种情况互相区别的呢？主要是语言环境，简称"语境"。这语境集中反映在"他"字上，这个"他"或者指一个小小孩儿，或者指一个聋哑人，或者指一个正常人。因此不妨说这个"他"字的语言学意义只有一个（第三人称代词），可是它的现实意义是多种多样的。

五五　用词不当

用词不当，一般是指一个词用在某个上下文里不恰当。可有时候问题不在于上下文而在于说话的人或是写信的人跟对方的关系。这也属于语境问题。

有这么一个故事：有一个单位请人来做报告，经办的人给报告人去信，信里说："请您来讲一次，想来您也会觉得荣幸的。"这位同志又在他的上级的办公桌上留个条子，说："请某某来做报告，定在某日上午九时，限你九点前到会场。"报告完了之后又写信给报告人道谢："您的报告对我们有一定帮助，特此致谢。"

另外一个故事：一个大学生把他的作品送给他的老师看，拿回来之后给老师去了封感谢信，说"顷奉大函，对拙作所提意见非常好，十分感谢，我一定照改。"

有名的俄语专家刘泽荣老先生的一个学生告诉我有关刘老的一个笑话。"有一年春节，我们几个学生去给老师拜年。拜完年我们告辞，老师一直送我们到大门外头，连着说：'留步！留步！'我们等老师回进去之后，哈哈大笑。"

刘泽荣是很小的时候就跟着他父亲去俄国，到中年才回中国的。他不熟悉中国社会里的许多客套话，不知道"留步"是客人对送客的主人说的。

五六 "安"字两解

《庄子·秋水》篇末章记下了一段古今有名的对话：

> 庄子与惠子游于濠梁之上。庄子曰："儵鱼出游从容，是鱼之乐也。"惠子曰："子非鱼，安知鱼之乐？"庄子曰："子非我，安知我不知鱼之乐？"惠子曰："我非子，固不知子矣。子固非鱼矣，子之不知鱼之乐全矣。"庄子曰："请循其本。子曰'汝安知鱼乐'云者，既已知吾知之，而问我。我知之濠上也。"

执笔的庄子门徒以及千载之下的读者都觉得这场争辩，不成问题，胜利属于庄子。其实这无非因为庄子说了最后的一句话罢了。要是就事论事，惠子提出来的倒是认识论上的一个重要问题。庄子辩他不过，就利用"安"字的歧义把问题岔开，只求口头得胜，不免有点欠缺"运动员精神"。

古时用"安"字发问，和现在用"哪儿"相同，有两种意义：或是询问处所，如"泰山其颓，吾将安仰?"(《礼记·檀弓》)；或是询问事理，如"虽欲哭之，安得而哭之?"(同书)。前者是疑问，后者是反诘。反诘等于否认，所以惠子说庄子"安知鱼之乐"，庄子也承认这等于"不知鱼之乐"，才反问"安知我不知鱼之乐?"后来被惠子挤对住了，忽然要循其本来，说："您问我在哪儿知道鱼儿快活吗? 我在河边儿上知道的啊!"噫，不够味儿。

五七 "要"字两解

苏叔阳的《故土》里有一处，发言的人利用"要"字的不同意义活跃会场气氛（见164页）。摘录如下：

> 他说："今天我要讲很长的话——"全体与会者一愣，不少人发出叹息。可是他紧接着说："大家是不欢迎的。"听众活跃，鼓掌。代表："所以，我只准备讲三分钟。"又是一阵鼓掌。

"今天我要讲很长的话"，作为独立的一句，"要"字表示说话人的意志；作为复合句的第一分句，"要"字表示假设，等于"要是"。发言的人故意说半句就停下来，造成误会，然后说出后半句，解除误会，使听众皆大欢喜，超出一般。这应该也是一种修辞手法吧，可是我查了好几本讲修辞学的书，都没找出来这是一种什么修辞格。

【后记】承深泓同志见教，谭永祥同志的《修辞新格》书里有歧疑格，即指这种手法，作者举了十三个例子。深泓同志的文章见《中国语文》1987 年 3 期。

五八 "抢"的对象

1984 年 11 月 10 日的《人民日报》有一篇新闻报道，题目是《钱老太被抢记》。光看这个题目，一定以为是钱老太太家里被匪徒抢去一些财物。看了正文才知道是老太太有四个孙子，都非常孝顺，抢着要把老祖母接到自己家去供养。

"抢"字有两种用法，可以拿财物做对象，也可以拿财物的主人做对象。饥荒年景穷人造反，可以"抢粮食"，也可以"抢粮店（或粮仓）"，两种说法指的是一回事。英语 rob 的宾语就只能是财物的主人，没有以财物本身为抢劫对象的动词。

这里的"钱老太被抢"则完全是另外一种意义，"抢"的对象是人本身而不是财物的主人，这就给读者一种意外的感觉。或许这就是作者所以取这么个标题的用意。光看标题《钱老太被抢记》，认为抢的是钱老太的财物，这是很自然的。如果标题里头不是"钱老太"而是"钱小妹""钱姑娘"什么的，那就不一定了。

五九　念的什么经?

禅宗和尚说话，机锋突兀，我们"根基浅薄"的人大抵索解无方。可是也有些话，如果应用语法概念来解释，也觉得不太神秘。如《景德传灯录》卷17述云居道膺的话：

> 有一僧在房内念经。师隔窗问："阇梨念者是什么经?"对曰："维摩经。"师曰："不问维摩经。念者是什么经?"其僧从此得人。

已经告诉他是《维摩经》，偏还要问念的是什么经，似乎有点怪，其实不难理解。此僧回答的"维摩经"指的是他看着（或不看着）念的经本子，云居追问的"什么经"是此僧嘴里念出来的经。在语法上，前者是普通受事宾语，后者是结果宾语。许多动词是可以有这两种宾语的，如"点灯"(普通),"点火"(结果);"开门"（普通），"在后边开个小门"（结果）；"想家"（普通），"想法子"（结果）。因为"念"的普通宾语和结果宾语一般总是相同的，而云居和尚故作分别，这句话就成了禅机了。

【后记】现在常常听见人说，"经是好的，却被歪嘴和尚念歪了。"可为上述云居禅师的话作注脚。

1982 年 9 月

六〇　何谓"特殊化"？

且抄一段旧报：

> 有一位副部长每天上下班都骑自行车，部里行政部门管司机班的一位处长却对这位副部长说："按制度，我们派车去接你，你为什么不坐车？你不要搞特殊化！"这也许出于好意，但"特殊化"一词如此运用，真是妙不可言。（《人民日报》，日期失记）

作者说"'特殊化'一词如此运用，真是妙不可言"，意思是说它跟一般人的理解不同：一般人以坐小汽车上班为特殊化，这位处长却以骑自行车上班为特殊化，所以是"妙不可言"。

从语义学的角度看，这并不奇怪。"特殊"的定义是"不一般"，因此在每一个具体事例上，什么是"特殊"决定于什么是"一般"。十个人之中九个是胖子，那个瘦子是特殊；十个人之中九个是瘦子，那个胖子是特殊。如果你就整个干部队伍说，骑自行车上班的是一般，坐小汽车上班的是特殊；可是如果你像那位处长那样，就部长级干部说，那么，坐小汽车上班确实是一般，而骑自行车上班倒是特殊了。但是因为一般读者的头脑中有一个不加分辨的想法，"坐小汽车上班是特殊化"，因此听到这位处长说副部长骑自行车上班是特殊化，就觉得可笑。说不定这位处长说这句话就是有意逗笑。

六一 "什么"和"那个"的特别用法

"什么"有一项特别用法，就是代替一时忘了的一个字，例如：

你不是叫什么香吗？(《红楼梦》21 回)

果然昨日换了一个和什么班，唱的整本的《施公案》。(《儿女

英雄传》32 回)

你们找陈什么球小子去呀! 死的是他的亲姐姐。(老舍《惶惑》)

您说那个五十多岁的松井什么郎? (曹禺《蜕变》)

或者代替一时想不好或者不便说的字眼,例如:

新社会啦,咱们都得什么点! (锦云、王毅《笨人王老大》)

那不早就什么了吗?

说句什么的话,要不是我,他能有今天?

"那个"有类似上面"什么"第二种用法的用法,例如:

不要过于那个,畅一畅吧。(《儿女英雄传》3 回)

倒显得长姐儿此来来的似乎觉道未免有些不大那个。(同书 38 回)

以一个男士而写"关于女人"的题目,似乎总觉有些不大那个。(冰心《关于女人》)

我们老大太那个! 我很担心哪。(老舍《偷生》)

六二 "黎明"的定义

《新华字典》:〔黎明〕天快亮的时候。《学习字典》:〔黎明〕

天刚亮的时候。《现代汉语词典》:［黎明］天快要亮或刚亮的时候。哪个定义对？都对。

　　黎明是从黑夜过渡到白天的一段时间，在这段时间里天色从有点儿亮到大亮，因而这是一个连续体（continuum）。黑夜和白天的分界点叫做"天亮"，这个分界点客观上是固定不下来的，但在说汉语的人的意识里该是一个点。《新华字典》把"天亮"这个点定在这个连续体的末了，就说黎明是天快亮的时候。《学习字典》把这个点定在这个连续体的头上，就说黎明是天刚亮的时候。《现代汉语词典》的说法最保险，可是有语病，用了个"或"字，仿佛有两种黎明似的。这个"或"是"和"的意思，"天快要亮和刚亮的时候"等于"天亮前后"，这也可以用来做"黎明"的定义。如图：

```
                ┌──────── 黎    明 ────────┐
                │                         │
暗 ─────────────·──────────·──────────────·───── 明
                A          B              C
            《学习字典》 《现代汉语词典》  《新华字典》
            的"天亮"    的"天亮"        的"天亮"
               *          *              *
```

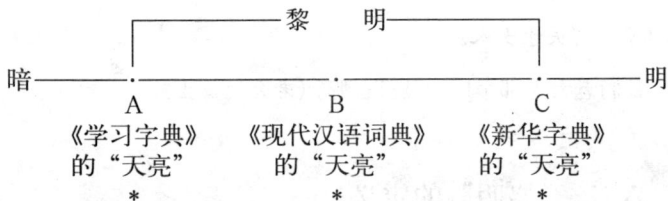

　　《"黎明"的定义》在《中国语文》发表之后，编辑部转来几

封读者来信，有的说是看了这篇短文还是没有闹清楚，有的说是应该把那个图上的《新华字典》和《学习字典》对调。因此不得不再说两句。首先，需要在图中代表天色的横线的左端加一个"暗"字，在右端加一个"明"字。（现在已经加了。）从 A 到 C 这一段时间介于明暗之间，是一般所说"天蒙蒙亮"，《新华字典》和《学习字典》都拿"黎明"指这一段时间，这是二者共同的。但是《新华字典》把"天亮"定在 C 点，认为从 A 到 C 这一段时间的天色还没有达到天亮的标准，所以说黎明是"天快亮的时候"。《学习字典》把"天亮"定在 A 点，认为从 A 到 C 这一段时间紧接在天亮之后，所以说黎明是"天刚亮的时候"。

当然，也有另一种可能，就是《新华字典》和《学习字典》所说的"天亮"是用的同一个标准亮度。那么，这两部字典里的"黎明"就有实质性的差别了。但是这一种解释似乎不及前一种解释合理，因为对于从天色开始有点亮到完全亮这一段时间，人们的认识基本上一致，而把"天亮"作为时间上短暂的一点，人们的认识是不容易一致的。因此把"黎明"定义为"从天不亮（不包括不亮）到天大亮（不包括大亮）这一段时间"最为准确。这样的定义是不是太学究气了呢？

六三 "老北京"及其他

"老北京"是久居北京、熟悉北京的一切的人;"老上海"是久居上海、熟悉上海的一切的人。

"老清华"、"老交大"是多年前清华大学、交通大学(上海)毕业的人。

"老街坊"是做了多年邻居的人;"老朋友"是有多年交情的人;"老搭档"是合作了多年的人。

"老总务"是从事总务工作多年的人(但不一定是在同一机关,也不一定连续任职);"老领队"、"老报幕"照此类推。

"老江湖"是惯常出门、熟悉外面的人情世故的人;"老油条"是混事多年、善于应付的人。

"老积极"是年纪虽老而一贯积极的人;"老时髦"是年纪虽老而偏要赶时髦的人。

"老夫子"行事迂阔,"老古董"思想陈腐,都不一定年纪大。

这些个"老",词典里的义项概括不全,也不是都能单独列为词目的。

六四　好

"这两本书哪本好?"——"这本好。"

"车上看看哪本好?"——"这本好。"

两问两答的"好"的意思不一样。第一个问答的"好"是写得最好或最值得看的意思,第二个问答的"好"是最合适的意思。车上看看最合适的不一定是最值得看的,但也不排除是最值得看的。

　　离开球队以后,他常常这样对自己说:"球队好也好,坏也好,那都是别人的事情了。"(《人民文学》1979 年 10 期 90 页)

"好也好,坏也好"等于"好也罢,坏也罢"。

"病好了"是全好了。"病好多了"是还没全好。有一个"多"字反而不如没有一个"多"字的程度高。

六五 看

可以说"明年看今年",也可以说"今年看明年",两句的意思差不多,可是两个"看"字的意思不一样。第一句的"看"含有"视……为转移"的意思,第二句的"看"含有"可预见"的意思。

六六 "笑"和"乐"

浩然的小说里有这么一句:

这一笑,倒把昭仙给笑乐了。(浩然《珍珠》121 页)

词典里边,"乐"字有一个义项是"笑"。上面引的这句话里边的"笑"和"乐"是一个意思呢,还是有所不同?反正这里是既不能把"笑"改做"乐",也不能把"乐"改成"笑",也不能倒个个儿。

这跟"做"和"作"相似,有的地方写"做"写"作"都行，有的地方不能通融，特别是"做作"既不能写成"做做"，也不能写成"作作"。

六七 "片面"和"全面"

1984年8月11日的《中国教育报》上登出一封读者来信，揭发一位教育局长的令人啼笑皆非的妙语，摘引如下：

> 中央教育部所反对的是片面追求升学率，而三年制的高中班一定要追求升学率，否则，我们办三年制高中就没有意义了。片面追求升学率不对，而全面追求升学率是对的。(着重号是笔者所加)

这应该说是一种诡辩，可是"诡"在什么地方呢？值得咱们搞语文工作的人研究研究。《现代汉语词典》里"片面"的定义是"……❷偏于一面的（跟'全面'相对)：~性|~观点|~地看问题"。"全面"的定义是"各个方面的总和（跟"片面"相对)：~性|照顾~|~情况|~发展"。这两个定义似乎并不能解决上面提出来的问题。无论是"片面追求升学率"还是"全面追求

升学率"，都是只顾追求升学率，对其他方面丝毫不予考虑的意思。可是，这等于是在"片面"和"全面"之间画上了等号，不符合词典里的定义，也不符合一般人的理解。然而要在"片面追求升学率"跟"全面追求升学率"之间找出做法上有什么不同，又确实找不出来。万分无奈，只好向《中国语文》的广大读者求教。①

六八 "以上"和"以下"(答问)

"X以上"和"X以下"包括不包括X，多次有人提出来过，可以算是个老问题了。在实际生活中，这往往不成为问题。例如地图上把居民点分成"五千以下"、"五千至二万"、"二万至十万"、"十万至五十万"、"五十万至一百万"、"一百万以上"这几个等级，分别用不同的标志，并无困难，因为居民数恰好是二万、十万、五十万、一百万，一个不多，一个不少，这种情况是难得碰到的。可是也往往成为问题。如果公共汽车公司规定"儿童身长在1.2公尺以上的要买票"，就可能引起纠纷：一个孩子的

① 本篇原载《中国语文》。

身长恰好是 1.2 公尺，售票员可以要求家长买票，家长也可以拒绝买票。"五号以上的字体，五号以下的字体"就属于后一类问题，五号字本身属于"以上"还是属于"以下"不明确，妨害理解。

怎样使不明确的变为明确？如果硬性规定"以上"和"以下"都包括或都不包括起算点，实际运用不方便，因为这样就不能"以上"和"以下"同时并举，而人们已习惯于同时并举。如果硬性规定"以上"和"以下"之中一个包括一个不包括起算点，也行不通，因为人们习惯于赋予平行的形式以平行的意义，要他在这个例子上破除这个习惯，他觉得别扭，也记不住，反而容易弄拧了。事实上这个问题不难解决，只要遇到必须辨别的情况就不同时并用，没有辨别的需要的时候不妨还让它同时并用。人们在实践中也久已这样做了。如果要把起算点包括在"以上"里头，就把另一方说是"不满……"或"不足……"。例如说"考试成绩六十分以上为及格，不满六十分为不及格"。如果要把起算点包括在"以下"里头，就把另一方说成"超过……"。例如说"儿童身长 1.2 公尺以下免费乘车，超过 1.2 公尺的要买票"。五号字的问题更好办，因为这里没有连续量的问题，五号字一跳就到新五号字，谦受同志的改法十分清楚。

"以上"、"以下"之外，还有"以内"、"以外"、"以前"、"以后"，也都有包括不包括起算点的问题。我个人的理解是"X以内"包括X，"X以外"排除X，"X以前"排除X，"X以后"也排除X。不知道别人的理解是否跟我一样。

附　来　信

《出版工作》编辑同志:

　　贵刊今年第四期上发表的《谈谈校对的视力保护》一文，对保护校对视力问题做了科学的分析考察，是一篇好文。但文章中提出"五号以下的字体"对眼睛较易疲劳，"五号以上的字体"对眼睛较舒适，既有"五号以下"，又有"五号以上"，引起我一点想法。

　　"五号以下的字体"，包括新五号、六号、七号等字体，毫无疑问，问题是包括不包括五号在内。同样，"五号以上的字体"，包括新四号、四号、三号、二号、头号等字体，毫无疑问，问题是包括不包括五号在内。

　　如果"以上"和"以下"都包括五号，那显然是说不通的。如果都不包括，那五号字体是较易疲劳还是较舒适呢? 如果一个包括一个不包括，那么哪个包括哪个不包括呢?

　　《现代汉语词典》对"以上"的解释是:"表示位置、次序或数目等在某一点之上。"对"以下"的解释是"表示位置、次序或数目等在某一点之下"。它解决不了我的疑问。不过也说明两点：（一）它对"以上"和"以下"的解释一视同仁，因此不能理解为一个包括，一个不包括。（二）它把"以上"和"以下"解释为"之上"和"之下"，因此给人的印象是都不包括（这大概是受英文 more than 和 less than 的影响，英文 more than 和 less than 都不包括）。

按我个人的理解，凡说"××以上"和"××以下"都包括××在内；因此，不能既说"五号以上字体"如何如何，又说"五号以下字体"如何如何；应该说"五号以上字体"对眼睛较舒适，"新五号以下字体"对眼睛较易疲劳。但我不能肯定我的理解一定对。我也不知道一般人是否这样理解，语言学界有没有做过什么规定。

我建议贵刊向吕叔湘同志请教，并把他的答复在《出版工作》上发表。有了一个统一的理解，大家有所遵循，就不致写错或发生误解了。这是一个文字规范化问题。对于推广文字规范化，出版物是有力阵地，编辑人员是重要力量，《出版工作》关心一下这类事是有意义的。

张谦受

六九　语言里的不对称现象

语言里有许多不对称现象，赵元任的《中国话的文法》里一再指出事例。这里补充两个例子。

（一）指上文，用"那"，也可以用"这"；指下文，用"这"，不能用"那"。例如：

要说他到现在还一点不知道，那（这）就奇怪了。

你给我评评这（*那）个理：我的车他随便骑，他的车我一骑也不让骑。

（二）"前"可以指过去，也可以指未来；"后"只能指未来，不能指过去。

"前"指过去：前天| 前年| 前人| 前辈| 前事不忘| 前车之鉴

"前"指未来：前程远大| 前途无量| 前景光明

"后"指未来：后天| 后年| 后人| 后辈| 后顾茫茫| 后患无穷

【后记】《小说月报》1981 年 11 期 62 页有这么一句：

苦就苦咧，再苦也过去咧！提那做啥？人总要顾望前走的日子。往后咱们会越来越好的。

"望前"指将来，"往后"也指将来，并非由于"望"和"往"不同。这个"往"字念去声，跟"望"是一个字，从前也有写做"望"

的，现在都不那么写就是了。那么分别在哪里呢？在于"望前"是由空间方向引申为时间方向，跟"前途、前程、前景"一样，"前"指将来；而"往后"则是固有的时间方向，跟"后天、后年"一样，"后"指将来。

七○　关于否定的否定

否定的否定，结果是肯定，但是这个肯定不等于除去两个否定剩下来的东西。最明显的例子是含有能愿动词的句子，例如：

我不能不来＝我必得来≠我能来

你不会不知道＝你一定知道≠你会知道

他不得（dé）不说＝他得（děi）说≠他得（dé）说

他不敢不去＝他只好去≠他敢去

他不肯不来＝他一定要来≠他肯来

这是已经有人谈过的（我忘了在什么书上）。现在再举几个其他动词的例子：

不怕他不来≠怕他来

不说他不好≠说他好

不知道他不在家≠知道他在家

但是也有两个否定恰好抵消的，例如：

不相信他不知道＝相信他知道

不赞成他不考大学＝赞成他考大学

不希望他不参加＝希望他参加

为什么会有这两种情形，还有待于进一步研究。

七一　动作时间的肯定和否定

"他干了一天活"可以有两种意思：

(a)（今天）他干了一天活。

(b)（这星期）他干了一天活。

(a) 的"一天"是整整一天的意思，表示全量，这里是言其多；(b) 的"一天"是七天里头的一天的意思，表示部分量，这里是言其少。

"他干了一天活"的否定式是"他没干一天活"，这也有两种意思：

(-a)（今天）他没干一天活（，下午没来）。

(-b)（这星期）他没干一天活。

(-a) 是 (a) 的部分否定。(-b) 是 (b) 的全部否定。

把"一天"挪到动词前头去，有两种格式，表示两种意思：

(-aa)（今天）他一天没干活。

(-bb)（这星期）他一天活没干。

(-aa)是(a)的全部否定,(-bb)跟(-b)是一个意思，语气硬些。

但是肯定句没有相应的"一天"在前的格式，所以是不对称的情况：

他干了一天活。　　　　他没干一天活。

$$*\begin{cases} 他一天干了活。 \\ 他一天活干了。 \end{cases} \qquad \begin{cases} 他一天没干活。 \\ 他一天活没干。 \end{cases}$$

肯定句只有在下面的情况下才把"一天"挪到动词前头（并且不能不挪）：

他一天干了两天的活。

七二　反义形容词

反义形容词有三个类型。第一个类型是绝对的反义词，非A即B，只有两头，没有中间，不构成连续体。例如：

正：反　　正：负　　阴：阳　　男：女　　死：活

真：假　　对：错　　直：弯　　正：斜

第二个类型是相对的反义词，由一端到另一端是程度之差，是渐变的，连续的。例如：

大：小　　高：低　　深：浅　　厚：薄　　长：短

粗：细　　远：近　　冷：热　　早：晚　　好：坏

多：少　　上：下　　前：后　　左：右

这个类型的反义词都可以用在"A 比 B……"这个格式里；"上、下"、"前、后"、"左、右"表示方位，可以用在"A 在 B 之……"的格式里。这些形容词都可以加"些、点儿"（"上、下"等可以说"往……点儿"）。如果前一个类型的一对词可以说是"相反"，那么这一个类型的一对词就只能说是"相对"。

这两个类型的反义词，用在"不……不……"的格式里，意味不同。"不正不反"没有意义（不可思议），"这种打扮，不男不女，算什么？""搞成这么个不死不活的局面，真难办！"都有不满的色彩。第二类反义词就不同了，"不大不小"、"不长不短"等等都含有恰好、令人满意的意味，只有"不上不下"是例外，有不满的意思。

第二类反义词往往可以加上一个中间项，变成三项的集合。例如在"左手"和"右手"里，"左"和"右"是两极，在"左路军"、"中路军"、"右路军"里就有"左"、"中"、"右"三项。在软卧车厢里只有"上铺"和"下铺",在硬卧车厢里就有"上铺"、"中铺"、"下铺"。同样,可以只有"大号"和"小号",也可以还有"中号";可以只有"高档"(商品)和"低档",也可以还有"中档"。

第三个类型的反义词也是相对的,跟前两个类型不同在于仅仅表面上是两极,实际上是多级。比如"黑"和"白"可以算一对反义词,实际上颜色不止黑白两种,还有红、黄、绿、紫等等。同样,"方"和"圆"可以算一对反义词,但是还有三角形、五角形等等。"东"和"西"是一对,"南"和"北"是一对,实际上东西南北是一个集合,尽管"东"或"西"和"南"或"北"不构成反义词。

七三 反义动词

反义动词有三个类型。第一类,甲乙两方互为条件,没有甲就没有乙,没有乙也就没有甲。例如:

买:卖　　输:赢　　嫁:娶　　收:发

古汉语里"授"和"受"是一对,现在变成"给"和"拿",

而"拿"不一定以"给"为条件，属于第二类了。现在会计学上分别"借方"和"贷方"，口语里只一个词，借进借出都叫做"借"，古汉语里"借"和"贷"都是既可以进，也可以出。

第二类，甲方以乙方为条件，反之则不然。例如：

　　教：学　　答：问　　止：起

"学"是"教"的条件，没有人学，你就教不成，同样，没有人"问"，也就无所谓"答"。"止"和"起"如果指空间，属于第一类，比如一条铁路，不能只有起点站没有终点站，也不能只有终点站没有起点站。但如果指时间，就可以只有"起"而没有"止"。例如可以说"本条例自公布之日起实行"，不说到什么时候作废；但是如果说"出入证有效期到十二月三十一日为止"，那总有一个开始生效的日期，尽管不是所有的出入证都是一天发出的。

第三类，甲乙两方互不为条件。例如：

　　来：去　　进：出　　迎：送　　存：付　　得：失

有人来不一定有人去；有人去不一定有人来。其余类推。

七四　带否定成分的词的反义词

一般地说，带否定成分的词是从肯定形式的词派生出来的，二者互为反义词。例如：

　　金属：非金属　　导体：非导体

可是有的否定词没有反义的肯定词，例如：

　　非卖品：*卖品　　非婚生子女：*婚生子女

　　上面是用"非"构词的例子，用"不"构词的例子稍微不同些。一个否定词"不 X"可以有两种意义，在一种意义（基本意义）上它是从反义的肯定词派生出来的，例如：

　　坐这个椅子不舒服，坐那个椅子舒服。

这里的"不舒服"可以算做两个词。可是"不舒服"还有另一种意义：

　　我今天有点不舒服，开会只好请假了。

这个"不舒服"的反义词是"没有病"（"没事儿"），"舒服"可没有这个意义。这个"不舒服"从语义上说完全可以认为只是一个词，可是从语法上说仍然得算是两个词，因为还可以说"不太舒服"。

　　同样，我们可以说：

　　今天的天气不错。

　　你居然把这一瓶都喝了，真不简单！

　　这东西我看不怎么样，不值三块钱。

"错"的反义词是"对"，可是这里的"不错"不是"对"的意思而是"好"的意思。"简单"的反义词是"复杂",可是这里的"不简单"不是"复杂"的意思而是"有本事,有办法"的意思。"怎么样"本来没有质量好的意思,可是"不怎么样"有了"不太好"的意思。

像这种意义变化,很值得研究语义学的人注意。

七五 好 不……

"好 不热闹"意思是"好 热闹","好 不高兴"意思是"好 高兴",唯一相反的例子是"好 容易"意思是"好 不容易":这已经是汉语语法里边的常识,不用多说了。事实上还有第三种情形,那就是:只有"好 不A",没有"好A"。例如:

好 不安分　　好 不争气　　好 不讲理　　好 不公平

好 不人道　　好 不知足　　好 不值得　　好 不顺眼

好 不上算　　好 不经济　　好 不习惯　　好 不得劲儿

好 不识相　　好 不识好歹　好 不识抬举　好 不识时务

好 不通人情　　好 不是味儿

也就是说,这些形容词语 —— 安分、争气,等等 —— 本身不能用"好"来加强,可是用"不"否定之后就可以用"好"来加强。这些词语在语义上有没有什么共同点，很值得研究。

把"好"换成"很"，那就"A"和"不 A"前边都可以加上去了。

七六　中性词与褒贬义

有些中性意义的词，连起"有"字来用就有褒义。例如：

中性	褒义
这句话的意思不明确。	这幅画儿有意思。
各人有各人的眼光。	你真有眼光，让你猜对了。
这是两种不同的见解？	有见解，有文采，是篇好文章。
这就得看他的人缘儿了。	他有人缘儿，你放心。

如果把右栏例句里的"有"改成"没"，"没意思，没眼光，没见解，没人缘儿"，整个短语是贬义，这就从反面证明其中的"意思"等等是褒义。

与此相反，有些在别处是中性的词，跟"有"字连起来用就有贬义。例如：

中性	贬义
你说说你的意见。	领导同意，可是群众有意见。

两个人的看法不一样。	她对他有看法。
近来他情绪比较稳定。	你不觉得他有情绪?
这个人脾气怎么样?	这个人有脾气没有?
不知道会产生什么影响?	这对你的升学有影响。

这也可以从反面证明："没意见"是没反对意见，"没脾气"是脾气好，"没影响"是没坏影响（比较："不影响升学"是不妨害升学）。"没看法"和"没情绪"似乎一般不说。

上面所说的那些词都是抽象名词。有一个词，跟"有"连用的时候有褒贬二义，这个词是"味儿"：用于抽象意义，"有味儿"是褒义，例如"这个戏看起来有味儿"（文言，"津津有味"）；用于具体意义是贬义，例如："这东西已经有味儿了，还不快扔了"。

七七　有"大"无"小"和有"小"无"大"

世间事物名称，一般说，有"大"必有"小"，如"大麦、小麦"，"大脑、小脑"，"大人物、小人物"，"大年夜、小年夜"。可是也有不少名称是只有"大"没有"小"的，也有只有"小"没有"大"的。有"大"没有"小"的例子：

大地	大陆	大海
大殿	大厅	大门
大战	大炮	大饼
大汉	大众	大鼓
大纲	大红（颜色）	大黄（药）
大雁	大虫	大蒜
大烟	大粪	大赦
大使	大师傅	大少爷
大自然	大气层	大杂院
大革命	大本营	大后方
大团圆	大扫除	大杂烩
大锅饭	大合唱	大舌头
（说）大话	（发）大水	（一场）大火
……大楼	……大厦	……大院
……大典	……大庆	……大家

有"小"没有"大"的例子：

小贩	小吃	小费
小菜	小子	小鬼
小偷	小工	小丑

小生	小时	小数
小传	小引	小说
小令	小结	小调
小伙子	小市民	小百货
小两口	小动作	小意思
（开）小差	（穿）小鞋	

有几点需要说明。（1）只收名词，动词、形容词不收。（2）结构松散的不收，如"大风"、"小草"。（3）表示次序的不收，如"大哥"、"小妹"、"大副"。（4）有与"大…"相对的"小…"，收前者是因为它有专门意义，如"大门"不只是大的门，跟"小门"不一样。（5）有的有对待物，但不是"大"、"小"相对，如与"小生"相对的是"老生"，与"小两口"相对的是"老两口"。（6）多数是无对待物，"大"和"小"是装饰性的。

【附记】我曾经用笔名给《中国语文》写过一篇补白《有"大"无"小"》，发表后收到不少热心的读者来信，有的补充有"大"无"小"的例子，有的提出有"小"无"大"的例子。现在参考这些信改写如上，同时向来信的同志致谢。

1988 年 10 月 7 日

七八　是、算、像

1981 年 10 月 24 日的《人民日报》上有邓友梅的一篇小说《寻访"画儿韩"》，里边有这么两句话：

> 最后画儿韩学着山西口音唱了起来："写！破画一张，虫吃鼠咬，走色霉变，当价大洋六百……"那时候兵船牌洋面两块四一袋，六百大洋是个数目。

末了那句话，照字面讲，近于傻话。六百当然是个数目，跟六十或六千一样，都是数目。这里的"数目"一词有特定的意义，等于说"可观的数目"。

从前夸妇女美貌，常常说"头是头，脚是脚"。反之，形容难看或不像样儿，就说"X 不是 X"：

吴茂堂回来，脸不是脸，鼻子不是鼻子的，没有一声好言语。(刘国春《囍字上窗的时候》，《北京文学》1981 年 11 期)

石柱家里没有个娘们操持，爷儿两个过得筷子不是筷子，碗不是碗的。(王安友《认门》，《人民文学》1982 年 8 期)

别的例子：

　　甲：是时候了。乙：还不是时候。

　　你这搁的不是地方。

　　老这样拖着也不是事儿。

　　这个张老五可不是个东西。

人嘛，当然不是东西，还用说！这里"东西"的意思是"人"，并且等于"好人"，跟"东西"的字面意义相差远啦！

　　"是"之外，"算"和"像"也有类似的用法。

　　他在这小镇上也算个人物。

"人物"本是中性，可以有"大人物"、"小人物"，但是这里的"人物"是大人物的意思。

　　又放音乐，又照相，很像回事儿（像那么回事儿）。

　　我听你嚷嚷半天，就这还像句话。

　　这么点小事儿，拖了三年不给办，真不像话！

"还像句话"的"话"，意思是中听的话，是用"话"的本义而加以限制，跟"是时候"、"是地方"的情况相同。"不像话"等于"岂有此理"，其中的"话"用于引申义。

　　　　　　　　＊　　　　　　＊　　　　　　＊

　　连用两个"X是X"，还有另一种作用，表示二者不同：

当初是当初，现在是现在。（梁晓声《西郊一条街》《小说选刊》1982 年 10 月）

意思是情况已起变化，旧事不必再提了。

七九 "稍微……点儿"，"多少……点儿"

"稍微"这个副词的用法有一个特点，后边一般不是一个简简单单的形容词，而是一个形容词后头带上"（一）点儿"或者"（一）些"。例如：

稍微聪明一些的人都不肯上他的圈套。

幸而是你，要是稍微糊涂一点儿呀，还真会相信他的话。

今天稍微冷点儿，多穿件衣服好。

稍微晚了点儿就进不去了。

三天以后，精神稍微好了一点，他就……。

那稍微悲观一些的，总觉得事情并不能这么容易得到胜利。

"稍微"也可以修饰动词，只要动词有表示少量的状语或补语（包括动词重叠），或者宾语里有表示少量的定语。例如：

稍微一想就觉得并不突然。

这紧要关头，稍微一松劲就完了。

大家都累了，稍微休息一下吧。

你应当稍微睡一会儿了。

你稍微等等，我收拾收拾咱们就走。

想稍微熬熬，把碳熬低一点。

把屋子稍微拾掇得整齐一点。

稍微吃点东西再走。

稍微认得几个字就行。

"稍微"常常跟"有（一）点儿"或者"有（一）些"连着，后头或者是名词，或者是形容词，或者是动词。例如：

屋后稍微有点空地，种了点瓜菜。

把全部出品仔仔细细检查，稍微有点毛病的都挑出来。

只有一件事情他稍微有点不满意。

只要稍微有一点疏忽，就会引起不必要的伤亡。

孩子今天稍微有点儿发烧。

他们两个人的话稍微有些出入。

在我检查过的一百来个例子里，不带这种条件的只有四个：

因为婆家稍微富裕，还跟着吃了一惊。

心里才稍微平静下来。

稍微油漆见见新。

形势稍微好转。

"稍微"的同义词"稍稍"和"稍"也有同样的要求，但是没有"稍微"那样严格。合乎这个条件的例子：

材料发来稍稍迟了一会儿。

不得不稍稍变动一下。

稍稍问了他几句。

你在外边稍候一候吧。

有是有，不过要稍等几天。

把声音稍放低了些。

别人更靠不住，只有春兰稍好一点。

稍一不慎，就要坏事。

不合这个条件的例子：

这是凡是稍稍留心儿童心理的都知道的。

稍稍皱起眉头说……。

他的左臂活动稍有不便。

相处稍久。

16 世纪或稍后。

"稍微"之外，"多少"也有类似的情况。例如：

多少也识些个字，知书懂理。

大家都喝了酒，多少都带着点酒味。

脸是黑中带黄，多少有些络腮胡子。

你就放心吧！打仗的事多少还经过两次。

你去吧！你比我多少强点儿。

两个人四只眼，多少也可少受一些骗。

也有例外，如：

虽然多少被他的话感动了，但我还……。

同伴们野马似的生活使他多少恢复了他应有的活泼。

"稍微"和"多少"的用法上的这个特点引起一个问题：从语法上讲，"稍微、多少"是只修饰形容词或动词呢，还是修饰后头的整个组合？从语义上讲，"稍微、多少"和"些、点"是重复呢，互相配合呢，还是哪个对哪个有限制作用？

所有这一类例子，如果去掉"稍微、多少"，句子一样站得住，可是如果去掉"些、点"，大多数例子就站不稳（上面所引的例外，有的念起来就觉得不够圆满）。这样，好像认为"稍微、多少"是修饰后头的整个组合较好。

从语义方面看，有些个包含"有些、有点"的句子，前头也可以用"很"，例如"很有些出入"，"很有点儿不满"，"很有点儿意思"，"这孩子很有点儿像他父亲"。这似乎表明"些、点"的指小作用已经减弱，或者说是所表示的少量的幅度已经相当扩大，以至于需要用"稍微"和"很"来加以限制，分别表示真正的少和并不太少。用"多少"的句子有的也能用"很"去替换"多少"，例如"很识些个字"，"打仗的事很经过两次"。至于"稍微聪明一些"等例子，虽然不能用"很"去替换"稍微"，可是如果没有"稍微"，也就只有比较聪明的意思，不一定是只比较聪明一丁点儿。

但是"稍微"和"多少"的后头一般不能只是一个简简单单的形容词或动词，仍然不能不说是用法上的一个特点。

末了要说明的是，如果"稍微"后面的动词已带否定词"不"，后头就不要求有"点（儿）"、"些"或别的数量词。例如：

稍微不如意就发脾气。

稍微不注意就会错过。

教育孩子不能稍微不听话就打骂。

八〇 一嗓子

最近看见几个"（一）嗓子"的例子：

我要是常来，您就会听出声音来了，不至于给我那么一嗓

子。(苏叔阳《家庭大事》)

就他那一嗓子，您就得乖乖儿把车交给他。(苏叔阳《画框》)

"嘿——"那边儿又怪声怪气地来了一嗓子。(张洁《男子汉的宣言》,《人民文学》1983年10期)

屋里的二十几个"成员"都被他这一嗓子给喊醒了。(从维熙《远去的白帆》)

这一嗓子就决定了苏珊珊的命运。(从维熙《遗落在海滩的脚印》)

时不时的唱上两嗓子。(《北京晚报》, 日期失记)

喂……是我呀，一嗓子就听出来啦? 真有你的! (韩少华《暮雪》,《人民文学》1984年4期)

你一嗓子我一嗓子地争吵起来。(刘心武《钟鼓楼》)

这些例子里的"一嗓子"都可以用"一声"来代替。

我孤陋寡闻，不知道这"一嗓子"是崭新的创造，还是由来已久。细想起来，这"一嗓子"倒是有填补空缺的作用。请看：

动词	动量词	
	抽象的	形象的
打	一下（子）	一巴掌，一拳

戳，捅	一下（子）	一指头
踢	一下（子）	一脚
看	一下	一眼
听	一下	一耳朵
喊，唱	一声	一嗓子
说，招呼	一声	×
哭	一场	一鼻子
吃，喝，咬	×	一口
顶	一下（子）	一脑袋
坐	一下（子）	一屁股

上表可以看出：(1)"一声"适用的范围比"一嗓子"大；(2)"吃、喝"等没有和"一下"相当的动量词。此外，还有最后两行需要说明，就是这里的动量词主要出现在动词前头，如："一脑袋把球顶出去十好几米"，"一屁股坐在了草地上"。在这个位置上，如果用"一下"，多半说"一下子"；这也适用于别的动词。

八一 "把"字用法二例

"把"字的用法在很多地方超出一般介词的用法。下面是两个例子：

手也伸得太长了，还把不把他们清洁班放在眼里？（陆北威《年轻人》，《人民文学》1982 年 1 月）

妈妈可慌了神，把地擦了又擦，桌子抹了又抹。（刘浚泉《这事儿可真逗》，《北京晚报》1982 年 9 月 7 日）

别的介词能有"X 不 X"的格式吗？能一气管两个不连在一起的宾语吗？这都使人想起"把"的动词来源，比较："你请不请我吃糖？""让老张三点钟来，小李四点钟来。"

别的介词能有第二种用法的我一时还想不起来。能有第一种用法的也都是动词性很强的，例如："他在不在那里看书？""你到不到上海去？""你对不对我说实话？"（比较：˙你对于不对于这件事认真看待？）

八二 "动趋式+宾语"的语序

由简单动词加复合趋向动词构成的复合动词，后边带宾语的时候，可以有三种语序（参看《现代汉语八百词》36 页）：

A. 牵出来一头大黑熊

B. 吃下几个杏儿去

C. 打个报告上去

这三种语序是很值得做一番详细的比较研究的。一般的印象是 C 式用得少，B 式最常见，A 式有发展的势头。最近读李准的中篇小说《瓜棚风月》(《人民文学》1985 年 2 期)，其中 A 式出现五次：

从地下拾起来二十块钱（33 页右）

接过来自己的帽子（同上）

花轿里走出来个穿喇叭裤的大闺女（40 页右）

拱出来一块红薯（45 页右）

抓过来他的秤（47 页右）

而 B 式只出现一次

怎么现在上起化肥来了（41 页右）

这跟一般印象里边的多和少恰好相反。不知道这是反映普通话里边的新情况呢，还是动趋式本身在分化，很值得进一步调查。

八三 "也、又、都、就、还"的轻重读音

"也、又、都、就、还"这几个副词，在句子里的读音因语义

而有轻重：用于某些个意义，可以读得重些，也可以读得轻些（有时候必须重些）；用于另一类意义，就不能重读，只能轻读，但不一定变轻声。下面举例：

	可轻可重	必轻
也	我知道的你也知道。	我的处境你也不是不知道。
又	这一回你又是头一个。	别问我，我又不是头一个。
都	我们都知道了，你甭说了。	连我们都知道了，他还能不知道？
就	你就去吗？	叫你去你就去吗？
还	怎么二姐还没来？	等会儿，二姐还没来呢。

八四 "儿"是后缀

《中国语文天地》1986 年 5 期刊出林伦伦同志的文章《普通话里表示儿化的"儿"是后缀吗?》，对"儿"的后缀身份提出疑问，理由是它不具备语音形式，即不成音节。文章的末了说："统一矛盾的方法不外有二，一是认为表示儿化的'儿'不是后缀，因为它不具备语音形式。二是把'儿'作为一种特殊的后缀，只由一个表示卷舌作用的'r'充当它的语音形式。至于两者谁是谁非，笔者尚未敢轻下断语。"我不揣冒昧，试作回答。

作者提出解决问题的两种选择，我看前一种不是个办法。为什么呢？"不是后缀"，那么是什么呢？能说是"词根"吗？当然不能。那么，这个"儿"在语法上就成了什么都不是的一个怪物了。作者提出的第二个办法，说"儿"是一种特殊的后缀，有点万分无奈的口气，其实不必。把"卷舌作用"作为后缀是有点特别，但是有些方言里的"儿"尾演变为在前一字的后边加个-n（成音节或不成音节），也是相当特殊的。再还有，"两个"＞"俩"，"三个"＞"仨"，其中的"个"变成在语音上减去-ŋ和-n，那就更特别了。

把"语音形式"理解为"成音节"，未免太狭隘。不成音节的辅音也是一种语音形式，如前面说的"儿"尾的变形-n，英语表示名词复数的-s。这些都可以称为后缀。让一个音变成另一个音也是一种语音形式，如英语"人"单数 man，复数 men，a 变 e。减去一个音也是一种语音形式，如前面说的"俩"、"仨"。把减去一个音和甲音变乙音称为"语音变化"，也许更容易被人们接受。这种语音变化也是一种语素，虽然说不出它是中缀、后缀。还有语音没有变化而语法有变化的，如英语 sheep（单数）和 sheep（复数），我们说复数的 sheep 是单数的 sheep 加了一个表示复数的语素，一个零形式的后缀。总之，要承认一个语素的语音形式是可以多种多样的。

八五　作状语用的形名短语

有那么一些由单音形容词加双音名词组成的短语，几乎是只做状语用。例如：

大面积丰收	大幅度增产	大规模展开	大范围推广
大批量生产	大兵团作战	小剂量试服	长时间鼓掌
远距离操纵	高速度建设	多方面探索	多渠道流通

说"几乎是"只做状语用，意思是其中有的有时候做名词用，例如：单纯追求高速度|这有多方面的原因。但是这种用法比较少，有的是完全不能这样用。

这种短语的构成跟某一类型的非谓形容词相同，都是以名词为基础，用法也相类似，都是不作名词用。下面的例子可以跟上面的例子比较：高层（建筑）|高速（公路）|大型（文艺刊物）|长期（贷款），等等。有些非谓形容词也是可以做状语的，例如：高速（前进）|长期（积压），等等。

八六 五七

王了一先生在《中国现代语法》第三十节"基数，序数，问数法"的附注七里说:"但习惯上只有'三五'的说法。'五七'、'六八'、'七九'之类都不成话。"

王先生这个话是按现代北京话的语法说的，事实上确是这样。可是在早期的白话里曾经有过"五七"的说法，几乎和"三五"一样的普通。例如：

身边要一人相伴亦无，岂况有五百七百众耶?(《五灯会元》卷9)

城中屋宇有五七分以上。(《绍兴甲寅通和录》,《三朝北盟会编》162.9)

那朱温成亲后才得五七日，有两人……同寻朱三。(《五代史平话·梁上》23)

似此告了他五七番。(《警世通言》19)

小人离乡五七年了。(《水浒传》44.19)

庄前庄后有五七百人家。(又46.53)

带五七分酒，佯醉假颠。(又52.35)

《儿女英雄传》里也有一例：

  那几个跟班儿的跑了倒有五七荡。(32.12)

但是就着现代口语里已废这一点来推测,《儿女英雄传》这个例子怕是作者不知不觉的仿了一下古。

  从三到七,是比较居中的几个单位数,所以常常在这里边连缀两个数字来表示一个不太大也不太小的概数,如"二三"、"三四"、"四五"等,而跨过一数说"三五"或"五七",正是增加这个数目的泛概性,是很有用的一种说法。不知道为什么留传下来的只有"三五",而"五七"在半路上丢掉了。

  要把这个概数的泛概性再扩大一点,还可以连缀三个数字来表示,而实际上也只有从三到七的例。在"五七"还通用的时期,把"三五"和"五七"相连,说"三五七",如：

  如今枉自有三五七口人吃饭,都不管事。(《水浒传》24.49)

现在却说"三五六",例如：

  谁知道他五年当中没有爱上了三五六回的人?(赵元任《最》68)

这自然是"五七"已经作废的结果。

八七 "二"和"两"

　　"二"和"两"在用法上是有分工的，可是现在常常看见该写"两"的地方写"二"。我说"写二"，意思是我还没有听见过有人在该说"两"的地方说"二"。例如，"请您给我 èr 个八分的邮票。"这个写"二"说"两"的趋势发展下去，会不会有一天再也没有人写"两"了，于是"二"变成一个多音字，《新华字典》也不得不在"二"字底下注两个音：èr 和 liǎng？口语里的情况似乎正好相反，"两"正在侵占"二"的地盘，说"两万、两千、两百"的人比说"二万、二千、二百"的人更多了。上海话里还可以听到"两路电车"、"两号理发员"等等。再进一步发展，会不会在五十年或者一百年之后，书面上统一于"二"而口头上却统一于 liǎng，人们都管"20"叫 liǎng shí ，管"12"叫 shí liǎng？这种事情听起来很荒唐，可是谁也不敢担保不会发生。古代本来只有一个"二"，后来"两"硬挤进来平分天下，难道就没有可能最后把"二"给排挤掉吗？要知道在语音上"两"比"二"响亮得多啊。

八八 "不怎么"

老舍先生的遗著《正红旗下》里边有几处"也不怎么",照字面很不好理解:

二哥要笑,可没笑出来;他也不怎么觉得一阵难过。(117页)

正在此时,瘸骡子也不怎么忽然往路边上一扭……(127页)

牛牧师听到开饭,也不怎么怒气全消,绝对不想告辞了。(132页)

这里的"不怎么"如果照"不怎么高明"、"不怎么好看"那样子的例子来讲,那是讲不通的。事实上,这里的"不"跟"怎么"是不连的。在同一本书里有在"不"跟"怎么"中间插进去一个"是"字的例子:

他也不是怎么说着说着,话就一拐弯儿,叫管家听出点什么意思来,而后再拐弯儿,再绕回来。(115页)

在剧本《全家福》里也有一个例子:

我也不是怎么回事,这两天净叫错了人。(《老舍剧作选》263页)

那么到底是怎么回事呢?原来在"不"跟"怎么"或"是怎

么"中间有一个"知"字被"吃掉"了。在快速的说话中，如果"不知"后头那个字的发音部位跟"知"字的发音部位相近，"知"字就很容易被"吃掉"。我们常常可以听见把"不知道"说成"不道"（细听起来又仿佛是"不ｒ道"），"道"的发音部位也跟"知"相近。

这大概应该算是有点北京土话的色彩。老舍先生以前的作品里是把这个"知"字写出来的。例如：

又待了一会儿，他不知怎么想起来……（《四世同堂》，354页。天津版，1980年）

不知是谁设的计，要把大会开得这么有点戏剧性。（同上书，305页）

好像就这么跑下去，一直跑到不知什么地方，跑死也倒干脆。（同上书，80页）

在别的作家的笔底下，间或也有这情况，如：

也不是哪个嘴快的，把我俩是同学的关系告诉了我们厂长。（张晓东《内应力》，《青年文学》1982年4期）

八九　连用"是"，连用"不知道"

发现了两个不容易遇到的句子。一个是：

不错，鞋匠是不是个好差使。（方方《七户人家的小巷》，《人民文学》1985 年 2 期）

"鞋匠是不是个好差使"，如果作为一个问句，丝毫没有什么特殊之处。可现在是个肯定句，就比较特殊了。这个句子里有两个层次："鞋匠不是个好差使"是一个否定命题，是一个层次；在"不是"前头再加一个"是"字，对这个否定命题加以肯定，又是一个层次。

因此想到，在

不错，鞋匠是（重读）个不好的差使

这个句子里，能不能说其中的"是"字是两个"是"字的重合——一个一般的系词"是"，一个特别表示肯定的系词"是"（或者按照有些语法学者的意见是副词"是"）？

另一个句子是：

〔那个晃旗的小子〕他也不知知道不知道他爹是卖驴钱肉的。（郑万隆《远雷》，《小说选刊》1986 年 3 期）

这句话等于说"……也不知他知道不知道……"。可是原句是把"也不知"安在"他"字的后头的，于是这三个字就成了插入语性质。这个"也不知"的对象既可以说是除这三个字以外的整个句子，也可以说是它的谓语核心"知道不知道"。

这种插入性的"不知道"是常常会遇到的，"不知道"的对象不限于谓语核心。在下面的例句里，在"不知道"和它的对象底下加了着重点。

她也不知道听了谁的话，从此再也不理我了。

这几位也不知道多咱起凑到一起的。

我跟他说了不知多少回了，就是不听。

他不知道怎么搞的，把这件事忘得一干二净。

李人鉴同志曾经写过一篇《一种比较特殊的句子成分》，专门谈这个问题，刊载在《中国语文》1961 年第 3 期，请参看。

九〇　标点四则

一

《辞书研究》1980 年第二辑有陈原同志的一篇文章,《释一》,里边有一句:

像"一二九运动"这样的历史事件词目，它首先提供主要的信息应当包括：……3.扮演者是一些什么人（主角？配角?）？

里边这句问话至少可以有四种标点法：

（a）扮演者是一些什么人（主角？配角?）？

（b）扮演者是一些什么人?(主角，配角)

（c）扮演者是一些什么人（主角，配角）？

（d）扮演者（主角，配角）是一些什么人？

原文的标点（a）不一定是最好的，似乎不如（d）。

二

联合国《消除对妇女一切形式歧视公约》(我国已经全国人民代表大会常务委员会批准参加）的中文本的第一条是：

　　为本公约目的，"对妇女的歧视"一词是指基于性别而作的任何区别、排除和限制其作用或目的是要妨碍或破坏对在政治、经济、社会、文化、公民或任何其他方面的人权和基本自由的承认以及妇女不论已婚未婚在男女平等的基础上享有或行使这些人权和基本自由。

这一句实在不容易读通。但是如果在"限制"后头加一个逗号，困难可以减少一半。没有这个逗号，十有九会把"限制其作用"看成一个动宾结构，那就怎么也通不下去了。

（为了读者的方便，试将这一长句的结构简括如下：

……一词是指任何区别、排除和限制，

其作用或目的是要

妨碍或破坏（1）对……的承认

以及（2）妇女享有或行使……）

三

下面这句是从日报上抄下来的。这句里边多了一个逗号：

因认真执行规定，对收购进来的有病猪肉，未按该站主任的意图，加盖"合格肉"图章，以致遭到迫害。

第三个逗号不应该有。有了这个逗号就很容易理解为营业员加盖了合格章，而收购站主任的意思是不能盖这个章。但作者的真正意思恰好相反，是收购站主任要盖这个章，而营业员没有照办。

凡是句子里边有否定词，一定要注意否定的范围有多大，会不会有两种解释的可能，特别是涉及标点符号。像上面这句，没有逗号，"未"字否定到"图章"；有了逗号，就只否定到"意图",只有当这一理解与上下文不协调时才会被放弃。肯定句没有这个问题。上面这个句子,如果去掉"未"字,有没有后面那个逗号都只有一种理解。

四

一般习惯在并列成分中间加顿号,但是这不应该成为硬性规定。有的并列成分紧密结合,说起来一气呵成,就不宜于加顿号。比如"分不出东南西北","春夏秋冬都是那一身衣服",不会有人在"东南西北"或"春夏秋冬"中间加顿号。下面的例子里第一句的"烹炒煎炸"也是四合一式,第二、第三句加点的部分,虽然结合得不这么紧,也还是一口气说下去的,不加顿号是对的。

在村口儿支锅搭灶卖个烹炒煎炸什么的。(《北京晚报》1982年2月12日)

这儿是进出北京的孔道,多少年车过土扬,留下牛粪马尿车辘辘印儿,不招人喜欢。(同上)

可他偏要当街一站,管人管马管车辆。(同上)

九一　连动、联谓和标点

连动式中间没有停顿，写下来没有逗号，联合谓语之间有停顿，写下来有逗号。下面是个很好的例子：

> 京剧导演郭庆春就着一碟猪耳朵喝了二两酒，咬着一条顶花带刺的黄瓜吃了半斤过了凉水的麻酱面，叼着前门烟，捏了一把芭蕉扇，坐在阳台上的竹躺椅上乘凉。(汪曾祺《晚饭后的故事》，载《人民文学》1981 年 8 月)

谓语是由五个部分组成的，中间有四个逗号把它们隔开；谓语的第一、第二、第五部分都是连动式，都有两个动词短语，中间没有逗号。

当然这只是一般的情况。由于字数的过多或过少，两方面都会有例外。下面这个例子在两个连动式里边都加了逗号：

每天早上，母亲蒸好一屉窝头，留给他们哥俩，就夹着一个针线笸箩，上市去了。(同上)

联合谓语中间没有停顿的例子：

你喝酒不喝?

[新来的保姆能干着呢,]又会写又会算。

九二 领格表受事及其他

领格有时候完全没有普通的领属意义,而表直接或间接的受事者,和各种宾语(accusative,dative,ablative 等)相当。这种领格大多见于动词附带一个熟语性的宾语而两者合起来实际等于一个单纯的动词的场合。这种动宾结构可以再有一个意念上的宾语(受事者),但是形式上既然已经有了一个宾语,而又没有适当的介词可用,这个意念上的宾语往往就采取了领格的形式。例如:

爹,您千万别介他的意。(曹禺《北京人》122)

又不知哪儿去说我的鬼话去了。(袁俊《美国总统号》65)

也有所代表的不近于受事而近于施事的。例如:

你可得小心,别上他的当。

别理这东西,您小心吃了他们的亏。(曹禺《雷雨》176)

这样用的领格大率是代词。名词不多见,似乎限于人名,如:

你多什么心? 我又没有指在你脸上,说你姓刘的害卢珊的相

思病。(袁俊《美国总统号》136)

这个情形和英语的 take care of, get hold of 等短语有点相像, 英语里这一类短语可以有被动式, 如 it is well taken care of 之类, 也是结合甚紧的表示。

这是个晚近才出现的语法格式, 可是已经有了很快的发展。另外有一类不附名词的领格, 实际上也是 dative 或 ablative 的意义, 这倒是有相当长的历史。例如:

你的银子本少, 我怎好多秤了你的?(《元曲选》3.1.3 白)

房宿饭钱都少下他的。(又 14.1.0 白)

这尾鱼是你赢的, 又不是偷他的, 抢他的, 又不是白要他的。(又 14.2.5 白)

妈妈, 我辛辛苦苦打杀的一个大虫……怎么你家儿子要赖我的?(又 8.3.0 白)

我等……胡乱熬些粥吃, 你又吃我们的。(《水浒传》6.41)

你若一千贯肯时, 我买你的。(又 7.65)

一文也不要少了我的。(又 7.65)

这一百两金子, 果然送来与我, 我不肯受他的。(又 21.84)

先租了住着, 再买他的。(《儒林外史》33.242)

又说老爷曾收着五千银子, 不该使了他的。(《红楼梦》80.16)

这是他们闹掉了我的。(又 107.8)

把那"括打嘴"放下，没人抢你的。(曹禺《北京人》27)

这类领格的特点是：(1) 它前头的动词不具备宾语,(2) 它本身是独立用的，不附名词；因此，从形式上看，好像只要在这些领格后头补出一个名词来，这就是动词的宾语，这些领格并不怎么特别：如第一例可说是"你的银子本少，我怎好多秤了你的 [银子]"。可是，不但这补出来的字在文句上是多余的，而且观于如下的例子，这些领格的别有作用更显然可见：

你的我怎好要你的?(《金瓶梅词话》35.383)

再多说，我把你这胡子还揪了你的呢。(《红楼梦》29.8)

要是推究意义，这些句子实在等于"你的我怎好向你要","我把你这胡子还给你揪了呢","你的银子太少，我怎好多秤给你"。其余的例句也都可以类推。

九三　代词领格的一项特殊用法

三身代词的领格有一项颇为特别的用途：表示不理别人或不管别的事。这种领格有的是附着在名词上的，但单独用的更多，而且往往说不出后头省去的名词是什么。

附着在名词上的例：

你给我老老实实的顽一会子睡你的觉去，好多着呢。(《红楼梦》10.2)

还是我去取〔瓶〕去罢，你取你的碟儿去。(又 37.18)

只顾低下头洗他的菜。(《儿女英雄传》14.15)

澜姑如同不知道屋里有人似的，仍旧萧然的画她的画。(《冰心文集》221)

仗一打起来就拿着外汇往外国一跑，享他们的洋福。(袁俊《美国总统号》69)

单独用的例：

你去你的罢，又来拌嘴儿了。(《红楼梦》20.7)

谁管他的事呢？咱们只说咱们的。(又 30.9)

我何尝不要睡，只是睡不着。你睡你的罢。(又 82.18)

你们只管干你们的，我自己静坐半天才好。(又 89.5)

傻丫头，这是什么时候，且只顾哭你的？(又 97.18)

你张罗你的去吧。(《儿女英雄传》15.23)

你们把这些零碎东西索兴都交给我，你们去逛你们的。(又 38.32)

喂! 你净忙你的罢! 老爷子来了这么半天，你也不知张罗张罗

他老人家的饭。(又 39.31)

你别为我耽误了事……你只管安心去你的。(又 40.11)

你只管折变你的去。(《三侠五义》59.8)

滚你的罢。(《老残游记》20.3)

您只管回去您的，小弟我决计不去。(《聊斋志异》2.14)

你们吃你们的，我倒不忙。(《聊斋志异》17.10)

你去你的，别担搁了。(《冰心文集》252)

他们理会我也好，不理会我也好，我干我的。(老舍《归去来兮》104)

你快收拾你的吧，我跟张老板商量点事。(曹禺《正在想》39)

间或有反过来，含有别人不管的意思的，比较少见。例如：

我作践了我的身子，我死我的，与你何干?(《红楼梦》20.12)

你粘你的罢，我没有功夫。(《冰心文集》222)

有时并列着两个这样的分句，表示各不相干。例如：

你作你的官，我们上我们的山。(老舍《微神》15)

我回我的上海，她回她的香港。(袁俊《美国总统号》20)

他闹他的，人家过人家的。(《儿女英雄传》27.5)

你说你的，我干我的。(《聊斋志异》2.13)

后两例虽然表面上像是说各不相干，意思侧重后一句："他只管闹，可是人家不理他"，"你只管说，我不听"。

九四 "他的老师教得好"和"他的老师当得好"

"他的老师教得好"和"他的老师当得好"，这两句的构造是一样的，可是意思不一样，不仅仅是"教"和"当"的意义不同，连"他的老师"的意义也不同。第一句的"他的老师"是一般的意义（以下称为 A 义），第二句的"他的老师"不是他的老师，是他当老师（以下称为 B 义）。单说"他的老师"只能有 A 义，只有放在第二句里才能有 B 义。

在这个句子里，是什么决定"他的老师"的这种特殊意义的呢？很容易想到是由于这里的动词"当"是所谓"被动式"，而第一句里的动词"教"是所谓"主动式"。有同类意义的句子，里边的动词也都是被动式，例如：

他的篮球打得好。

你的象棋能下得过他？

她的媒人没做成。

他的资本家当不成了。

可是也很容易发现一些句子，可以有 A 和 B 两种意思，例如：

　　她的鞋做得好看。

　　他的发理得好。

　　他的笑话说不完。

甚至可以有三种意思，例如：他的小说看不完（两种 A 义：他写的小说，他收藏的小说；B 义：他是个小说迷）｜他的针扎得不疼（A 义：针是他的；两种 B 义：他给人扎的针，人给他扎的针）。这些句子里的动词都是被动式，可是有 A 和 B 两种意义，可见跟动词的"式"无关（至多只能说 B 义的句子的动词总是被动式，但也有例外，见下）。这里是真正的"歧义"。

　　有的句子本身排除两解的可能。或者是由于"×的×"单独不好讲，例如"他的资本家"；或者是联系上谓语的意义，不能作 A 义来理解，例如前面"篮球"、"象棋"、"媒人"这三句。像"她的鞋做得好看"这一类句子，本身不能解决歧义，得看上下文或者实际情况，例如鞋是不是穿在"她"脚上，"他"是不是理发师，"他"是爱说笑话的人还是爱闹笑话的人，等等。

　　有时候，两种讲法不矛盾，A 义和 B 义合而为一。例如：他的小说写得好（他的小说＝他写的小说）｜他的普通话说得漂亮（他的普通话＝他说的普通话）。再拿"她的鞋做得好看"这一句来看，也可能她脚上穿的就是她自己做的。可是一个人做的鞋不一定自己穿，穿的鞋不一定自己做，跟写小说、说普通话不一样，所以"她的鞋做得好看"有 A 和 B 两种意义。

九五 关于"的"、"地"、"得"的分别

一般语法书上都说"的"是定语的标志，"地"是状语的标志。什么是定语和状语？定语是名词的修饰语，状语是动词、形容词的修饰语。换句话说，用"的"还是用"地"，要看后面是名词还是动词、形容词。在一般场合，辨别名词和动词、形容词并不难，比如"发出热烈的掌声"用"的"，"听众热烈地鼓掌"用"地"，不会有人搞错。可是有那么一些情况，后面那个词的词性难于确定，因而前面用"的"还是用"地"也就有争论。比如"进行……学习（讨论）"就属于这类情况，此外还有"予以彻底的（地?）整顿"、"遇到猛烈的（地?）回击"、"这是大家的辛勤的（地?）劳动的果实"，等等。这里的"学习、讨论、整顿、回击、劳动"等等，是动词还是名词，研究汉语语法的学者们意见不一致，有人说还是动词，有人说已经变成名词，有人说是名词化的动词。这就是前面用"的"还是用"地"成为问题的原因。

现在不妨简单地回溯一下这两个字的历史。唐宋时代的白话里有一个"地"，还有一个"底"，用法不同，声音大概也不同。可是"底"和"地"的用法分别跟现在"的"和"地"的分别不同，"底"用于限制性的修饰语，"地"用于描写性的修饰语（主要是重叠式和象声的）。后来因为这两个字的声音都变了，而且变成一样的了，于是都写成了"的"。《水浒传》里基本上只用"的"，个别地方还用"地"。到了《红楼梦》《儒林外史》就全部用"的"了。"五四"时代起，主要由于翻译上的需要，又从"的"里分出个"地"来，其分别就是前边讲过的，要看后面的词是名词还是动词、形容词。四十多年，大家都按这个规定写，可是纠纷还是不断出现，除前边举过的例子外还有别种性质的例子。

让我们大胆问一声：这种分别是不是必要？可不可以只写一个"的"？比如说，大家都看过《红楼梦》《儒林外史》等书，是不是觉得那里不分别"的"和"地"对意义的了解有什么妨害？从原则上讲，同音词的存在是因为它们表示不同的意义，这样的同音词在文字上加以区别是有好处的。假如并无区别意义的作用，那就不是几个同音词，只是一个词，文字上也就没有加以区别的必要。定语和状语的区别决定于被修饰词的词性，不决定于"的"和"地"。都写成"的"，仍然可以决定哪是定语，哪是状语，只要被修饰词的词性是明确的。如果一概写"的"，那么遇到这个词的词性有争论的时候，尽可让语法学者们争论下去，不至于给一般写文章的人造成困难，包括小学生在内。卖瓜的人夸瓜甜，我是研究语法的人，很抱歉，我不得不说，别的瓜是甜的，这一个瓜不甜。

此外还有"的"和"得"的问题。这个"得"字原来跟"的"字不同音，所以写起来不混。后来也同音了，于是"得"也常常写成"的"了。可是一直都只是混着写，"得"字并没有绝迹。这两个虚字的写法有没有分别的必要呢？这两个字的意义不同，虽然在大多数场合写成一样也不至于误会，可是确实有些地方会产生歧义。例如"这些花儿画得好看"不同于"这些花儿画的好看，（真的并不好看）"，"这两个花瓶小得有意思"不同于"这两个花瓶小的有意思，（大的不怎么样）"。所以维持两种写法还是值得的。况且两个字意思不同，你心里是哪个意思就写哪个字，也不会有疑难不定的情形。

九六　再论"的"和"地"的分合问题

十九年前，我在评改一篇作文的讲稿里顺便提出"的"

和"地"的分别问题，说是这给小学生和他们的老师带来不少麻烦，而实际是不太必要的。《北京晚报》今年 1 月 19 日和 2 月 4 日发表了两篇文章，赞成不去分别"的"和"地"，可是后一篇实际是拿"的"和"地"做跳板提出广泛合并同音字。编辑部收到不少来稿，各种意见都有，要我就这个问题再说几句。

"的"和"地"容易混，不但是小学生、中学生，有名的作家也常常写拧了。下面是茅盾先生《春蚕》里边的例子：

> 荷花说着就大声的笑起来。
>
> 远远的看见了荷花……就赶快躲开。
>
> 那边远远地一簇房屋，就是老通宝他们住了三代的村坊。
>
> 老通宝背脊上热烘烘地，像背着一盆火。

也不光是茅盾，老舍、赵树理他们作品里也都有这样的例子。所以，小学生搞错了是很可以原谅的。

语词是用来区别意义的，不分"的"和"地"是否会引起意义的混淆呢？旧小说里不分，没有引起误解。有人说，那是旧白话，我们现在的语言应当比那个精密。我拿《毛泽东选集》来试了试，在第一卷的前五篇文章（约七万字）里共出现六十一个"地",没有一个是如果改成"的"就产生另一种意义的。

有的定语后边没有"的"字,有的状语后边没有"地"字,会不会错把定语当状语,错把状语当定语呢?不会。请看:

超额利润。——"超额"是定语。

超额完成。——"超额"是状语。

安全措施。——"安全"是定语。

安全到达。——"安全"是状语。

既然"不着一字"(用时髦话说,叫做"零形式")也不妨害理解,那么,用同一个"的"字又怎么会引起混乱呢?

分别"的"和"地"是受翻译外国作品的影响。翻译家看见英、法等语言的形容词和副词的区别大多数表现在语尾上,就在译文中用"的"和"地"来区别。白话里的"的"字还有一部分是跟西方语言的领格标记相当的,有的翻译者就把它写成"底"。这也曾在汉语作品里流行过,时间大概是 20 年代到 40 年代。但是"底"的使用没有"地"的广泛,并且用法不一致,有的作家就用"的"表示领格,用"底"表示形容词。因此,闹腾了一阵之后,50 年代就不再看见有人用"底"了。

不用"底"字没有引起多大的不便,那么,不用"地"字也不至于引起多大的不便。正相反,可以节省小学生一部分时间和精力，用到学习更有用的项目上去。

至于广泛地合并同音字，我看使不得。拿"意"和"义"来说，就不能合并。首先，正如吴小如同志所说，"意义"这个词就没法儿写。还有"主意"和"主义"，"大意"和"大义"，怎么分别？"原"和"缘"也只是在"原故"和"缘故"上碰了头，形成一对异体词，可以去一个，留一个。在别的场合，这两个字各有各的联系面，分开并不难，至少在目前还在使用汉字的阶段，还是分开为好。

九七　驱之不去的"的"

在说到数量的增减的时候，常常会出现不应当出现的"的"字，把正确的数量搞成错误的数量。举几个例子：

（1）全国早稻征购任务超额完成　　十个主产省区的入库量超过征购计划的百分之三点九。（《人民日报》1982 年 9 月 18 日新闻标题）

"超过征购计划的百分之三点九"，那不是还不到征购计划的百分之四吗？这怎么能叫做"超额"完成呢？

（2）江西宾馆改革后……1984 年的营业收入超过承包方案的

65%。(《人民日报》1985年1月29日第二版)

超过承包方案的65%，那还只有承包方案的三分之二光景，还差三分之一呢，怎么值得表扬呢？

（3）服务业中大部分职工的工资约低于物资生产部门职工工资的百分之二十一点四。(《光明日报》1985年2月4日第三版)

这两类职工的工资相差太远了，前一类职工的工资只比后一类职工的工资的五分之一多点儿，太不近情理了。

（4）本乡只有百分之四十的小学毕业生升入初中，低于全县平均数的百分之二十。(《光明日报》1986年8月16日第一版)

就算它等于全县平均数的百分之二十吧，全县平均的升学率为这个乡的五倍。可是这个乡的小学毕业生一百个之中已有四十个升入初中，它的五倍该是二百个。全县平均每一百个小学毕业生之中有二百个升入初中，这个话怎么讲呢？

（5）只要肥胖不超过标准体重的25%，则死亡率不会上升；只有当体重超过标准体重的35%—40%时，才会提高死亡率。(北京晚报1982年9月8日《体重与寿命》)

这个话实在叫人难懂。如果一个人的体重超过标准体重的35%—40%就要提高死亡率，要是达到标准体重（即达到100%），岂不要立刻呜呼哀哉？那么这个标准体重还算什么标准体重呢？

问题都出在这个"的"字上。去掉这个"的"字，问题就没有了。比如我们比较兄弟二人的年龄，我们只说"哥哥大弟弟三岁"，从来不说"哥哥大弟弟的三岁"。把"大"换成"超过"，那就是"哥哥的年龄超过弟弟的年龄三岁"，没有人会在"年龄"和"三岁"中间加一个"的"字。为什么遇到后边是个百分数（或几分之几）的时候，就觉得非加个"的"不可呢？

这个多余的"的"字已经成为一个顽症，怎么赶也赶不走。我曾经多次跟有关的作者谈过这个问题，他们都承认我的话有理，可总是觉得这里要有个"的"，心情非常矛盾。我反复研究，后来懂了。这里的百分数跟"三岁"（或三十里、三个月等等）不同，"三岁"是个独立数，而一个百分数必须有所附丽，是前一数的百分之几还是后一数的百分之几？是后一数的，那就得加个"的"。不知道加上这个"的"就跟前面的"超过"、"低于"等等发生矛盾。

怎么办呢？我看得把"比"字引进来。正如"哥哥大弟弟三岁"可以说成"哥哥比弟弟大三岁"一样，我们可以说：

（1）……入库量比征购计划超出百分之三点九。

（2）……营业收入比承包方案超出65%。

（3）……的工资比……的工资大约低百分之二十一点四。

（4）本乡……比全县平均数低百分之二十。

（5）……不比标准体重超出 25%。

如果不用"比"字，也可以用原来的词语，但是必得把那个"的"字去掉。慢慢的也会习惯的。

九八　简称的滥用

简称（略语）的广泛运用是现代语言复杂化的自然结果，可是也给很多人带来一定程度的不方便，因为如果一个简称的意义不是一望而知，就是查词典也查不出来。

简称往往是在某一地区或某一行业中产生而逐渐运用到一般语言里来的。当它还没有广泛使用的时候，最好不要用在一般报刊上。还有一些简称是首先见于书面的，这也应该考虑是否见词就能明义。下面是笔者认为不应该见于一般报刊而见于一般报刊的例子：

民品（民用产品）　　　　　　达标（达到体育标准）

死缓（死刑缓期执行）　　　　人流（人工流产）

糖心病（糖尿病性心脏病）　　内矛（人民内部矛盾）

《人民日报》1981 年 2 月 4 日第 4 版有一个标题《天拖春

早》，看了觉得莫名其妙。再看正文，原来"天拖"者，天津拖拉机厂也，多新鲜！

还是《人民日报》，1986 年 8 月 25 日第 4 版有一则新闻，里边提到"北市区打办室主任吴某"，这"打办室"的全称不知道是什么。

《课程·教材·教法》1987 年 9 期有一篇文章的题目是《莫让"片追"歪风坑害七岁儿童》，作者加注："片追"是片面追求升学率的简称。要不加注还真不知道是什么意思。

有时候不仅仅是新鲜而已，还会引起误解。1980 年 12 月 11 日的《北京晚报》第 4 版上有一个标题是《中外文学学会首届年会在成都举行》。谁看了都会认为这个学会是研究"中外文学"也就是比较文学的，然而不然。原来这个学会的全名是"中国 外国文学 学会"。我把这个学会的名字分成三段写，因为不分段也还有可能产生误读。可是这比"中外文学学会"好些，省掉两个"国"字就非误读不可了。

《北京晚报》1981 年 2 月 24 日有一条新闻，说的是春节期间有朝鲜族祖母孙儿两人从东北来探望老人的女儿、小孩的姨。在火车站没见着来接他们的人，最后摸到一家旅馆住下了。这小孩只知道他姨在"客装四厂"工作，旅馆服务员不知道这是个什么厂，问别人也都不知道，用电话各处联系都没有结果。最后还是那男孩说早两年来过，坐 5 路汽车一直到头。根据这个线索，才找到"客装四厂"——客车装配四厂！

九九 "合流式"短语

一

把"甲丙"和"乙丙"合起来称为"甲乙丙"，这种特殊形式的短语构成（抑或应该算是构词?）是古已有之的，例如"前后汉"，"南北朝"。这种造语法，尽管口语里用得少，书面上可几乎已经泛滥成灾。(也许是因为汉字写起来麻烦，能省则省吧?)

但是不管怎么样，总得叫人不假思索，一望而知才行。下面的例子就不符合这个条件：

> 男子单打冠亚军郭跃华、蔡振华……男子双打冠亚军李振恃和蔡振华、郭跃华和谢赛克……(《人民日报》1981 年 4 月 27 日第一版)

单打的名单犹自可，双打的名单就有点让人眼花了。如果改成下面的样子，加了两个"军"字，减了两个"和"字，总字数照旧，可是清楚多了：

男子单打冠军郭跃华、亚军蔡振华……男子双打冠军李振恃、蔡振华，亚军郭跃华、谢赛克……

再看这个例子：

全国各剧院团、电影厂的编导演都可以利用这个"中心"(按：指拟议中的电视剧中心) 来从事他们所乐意做的事情。(日报，报名和日期失记)

这就更加麻烦了。"剧院团"是"剧院、剧团"(二合式),"编导演"是"编剧、导演、演员"(三合式)，加上三个顿号也还有点帮助，但是作者连这三个瓜子点儿也舍不得，真是惜墨如金了。

第三个例子：

几年来，他认真坚持收付款的唱收唱付制度，很少因收找款发生差错事故。(《北京日报》1977年2月5日第二版)

"收付款"大概已通行了,"收找款"还很生疏，看上去很别扭，

"唱收唱付"没精简成"唱收付",总算是对读者的小小让步。其实如果要节约字数,这一句还大有潜力可挖:

几年来,他坚持唱收唱付制度,收钱找钱很少差错。

比原文少了十个字(总字数的三分之一!),念起来还顺口得多。

最后,举一个滑稽的例子:

"买车船、飞机、饭票在服务台。"(某饭店《旅客须知》,原标点)省掉三个"票"字,博得旅客一笑,倒也有意思!

二

另一种合流式短语是把几种动作和几种事物联系在一起,例如:

观察、体验、研究、分析一切人、一切阶级、一切群众、一切生动的生活和斗争方式……(毛泽东选集)

应用这种结构必须以所有动作和所有事物都能发生关系为条件。下面的例子不符合这个条件,只能分开说,不能搞"合流"。

这几年他们改编和创作了许多传统和现代剧目。

改编的只是传统剧目，创作的只是现代剧目。

现在需要首先添置和修理缺少和损坏的课桌课椅。

缺少的东西不能修理，损坏的东西何必添置？

消毒药品和干净食品必须分开贮藏和出售。

药品和食品必须分开贮藏，这没有问题，但是药品在药房里出
售，食品在饮食店里出售，饮食店里的消毒药品是不出售的。

一〇〇　"恢复疲劳"及其他

"晚报"3月31日和4月25日两次发表关于"恢复疲劳"的
合法性的讨论，其间不止一次有人来征求我的意见。记得这个问
题在"文化大革命"前也曾经在报刊上有过讨论，只是记不起是
什么报刊、什么日期了。不管是否重复别人的话，我就说说个人
的看法吧。我觉得关于这类"成问题"的词语，要把通不通和好
不好分开来谈。通不通是个约定俗成的问题，多数人都这样说，

就算是通。但是这个"多数",第一,得是真正的多数,这有时候很难确定;其次,得看是什么样的多数,是多少受过点教育的人里边的多数,还是完全没受过教育人里边的多数,这有时候也难确定。以"恢复疲劳"这句话而论,大概够得上个多数。

有人说,这个话不合逻辑,"疲劳应当消除,怎么倒要恢复它呢?"话不能这样说。汉语里边,一个动词后头跟上一个名词,中间的关系可以多种多样。不一定像有些书上所说的那样,非得都是像打靶一样让某一种动作射向某一种东西。也可以正相反,有让某一种动作离开某一种东西的意思,例如"逃荒","逃反","逃难","逃学"。当然,"恢复"是"失而复得"的意思,跟"逃"字本身就含有离开的意思不一样。但是"恢复疲劳"可以解释为把身体和精神从疲劳中恢复过来。这可以跟"救灾","救荒","救火"比较:不是要把灾、荒、火从什么危险之中救出来,而是要把人从灾荒中救出来,把人和资财从火里救出来。

在这些例子里,动词和名词之间的关系不是直来直往,好像拐了个弯儿。有些语言在动词和名词之间加一个介词进去拐这个弯儿。上面举的例子里边,"逃","救","恢复"和后边的名词之间都含有"脱离"的意思,在英语里就可以用介词 from 或 out of 来表示。另一种拐弯儿的情况见于"逃生","逃命","逃"

和"生、命"之间有"为了"的意思，在英语里可以用介词 for
来表示。"打扫卫生"就属于这一类型，打扫是为了卫生。汉语
在动词和名词之间只允许极少数几个介词插进去，主要是"给"
"在""到"，连这些个也往往是可有可无，例如"送（给）你"，"教
（给）你"，"坐（在）炕上"，"住（在）海淀"，"跳（到）水里去"，
"等（到）天亮再走"。在"逃"和"生、命、荒、难"等等之间，
在"救"和"灾、火"之间，在"恢复"和"疲劳"之间，在
"打扫"和"卫生"之间，汉语没有适当的介词可用，也可以说
是没有用介词的习惯，就只好实行硬过渡了。有时候，连这个弯
儿是怎么拐的都说不清，例如"报幕"，"谢幕"，"闯红灯"，"解决两
张电影票"等等。

至于好不好，那是另一个问题。这得从万事万物各有所宜的角
度来看。说话用字眼得看场合，到什么山上唱什么歌。有些词语用
在日常口语里边挺生动自然，用在严肃正经的文字里就未免粗俗；
有些词语用在"高文典册"里很得体，用在随便交谈中就觉得滑稽
可笑。然而这种分别也常常跟着时代变化。像"问题"、"提议"之类
现在已经挂在人人口头，而"捣乱"，"蛮干"等等也见之于社论、文
告。所以，说到底也还是个约定俗成的问题。至于"恢复疲劳"和
"打扫卫生"的前途如何，那就只能等着瞧了。

一〇一　论"基本属实"

9 月 5 日的《北京晚报·古城纵横》的"回音"栏里有这么一条:"河南饭庄来信:贵报反映我饭庄饭菜内有蝇事,经查基本属实。……"乍一看,没什么,再一想,不对头。到底饭菜里边是有苍蝇呀还是没苍蝇? 有苍蝇就是"属实",没苍蝇就是"不实",这个"基本属实"应该怎么理解呢?

且去查查老底再说。一查查到 8 月 22 日晚报的《古城纵横》栏,里边有一条:"3 日,去河南饭庄吃饭,刚吃几口,发现菜里有两个黑东西,竟是两只死苍蝇! ……"

原来如此。莫非查明了苍蝇是有的,但是只有一只? ——有,所以是"属实",但是数目不对,所以是"基本"属实? 是这么回事吗? 那就应当说清楚。可是来信只说"饭菜内有蝇事",那"基本属实"就不好理解。其实呀,8 月 3 日的事情,8 月 22 日见报才去查问,那苍蝇究竟是一只还是两只,还是三只,大概是谁也记不清了,所以只说有无,不提数目。那么为什么又是"基本"属实呢? 因为老实地说,"有这么回事",实在有点不好意思,给它来个"基本",打个折扣。没想到既没有数目,折扣就无从打起。

总要有个数量问题，或者说是程度问题，才用得上"基本"二字。基本如何如何，意思是十之八九如何如何。比如说：基本可行，基本有效，基本同意，基本够用，基本吃素，基本不出门，……这些都是有意义的。反之，像基本必要，基本困难，基本严重，基本发烧……就不大好理解。要是说二加二基本等于四，或者说某某和某某基本不结婚，基本不生孩子，那就近于说笑话了。虽然类似这样的笑话不容易出现，可是类似"菜内有蝇基本属实"的话，只要对报刊文字，特别是内部文件稍加注意，那是经常会遇到的。

结论："基本"这个词基本有用，但不是到处可用。

一〇二　一个"被"字见高低

1978 年 9 月 20 日的《光明日报》有一条新闻，它的标题是：

[教育部] 要求有关单位限期退还被占用校舍

第二天的《人民日报》上刊载同一条新闻，它的标题是：

[教育部] 要求有关单位尽快退还占用的校舍

主要的差别在于一个有"被"字，一个没有。究竟是有"被"字好呢，还是没有"被"字好？答：没有"被"字好。这里有一个观点问题。这里争执的目的物是"校舍"，涉及的双方是学校和"有关单位"；从学校这方面说，校舍是被人家占用了，从"有关单位"，那方面说，就只是占用而不是被占用。顺着"要求有关单位退还"的方向说下来，就只应该说"占用"，不应该说"被占用"。(除非是"被它占用的")

一〇三 "之所以"起句

古汉语用"之所以"可以拿下面这一句做例：

> 夫燕之所以不犯寇被兵者，以赵之为蔽于其南也。(《战国策·燕策》)

"之"字的作用是一手托两家。如果前头已断句（大句或小句），就不用"之"而用"其"，像下面的样子：

> 夫燕非甚强也，其所以不犯寇被兵者，以赵之为蔽于其南也。

现在常常看见用"之所以"起句的，例子很多，恕不列举。这问题本来已经有叶圣陶老先生说过（见《人民日报》的《战地》增刊 1978 年第 1 期），我因为它仍然还是常见，不避重复，拿出来再说一遍。

一〇四 "请见某书某页"

写文章的人告诉读者他所引事实或议论的来源，常常在正文或附注里写"见某书某页"。这个"见"是"见于"（即"出现在"）的意思。这用法也是古代传下来的，现在也还可以在很多书刊上见到，下面是一个例子，见《人民日报》1982 年 1 月 9 日第四版短评《旧闻新感》：

> "偶翻旧报，读到一则北京市三届一次人代会选举领导干部的消息，选举结果是……（见《人民日报》1951 年 3 月 1 日）"

我在这一段引文前后打上引号，表明这个"见……"是原文有的，不是我给加的。

可是现在也常常看见"请见某书某页"的写法，那是误会原来的"见"字作"看"讲了。大概这跟英文书里边在同一场合用"See……"不无关系。但是英语 see 字可以讲"看见"，也可以讲"看"，例如可以说"See a doctor"，汉语只能说"看医生"，不能说"见医生"。

一○五 "勿庸讳言"

《现代汉语词典》1206 页"毋"字下有"毋庸"，也作"无庸"，解释是"无须"，举例是"毋庸讳言"。《汉语成语词典》（甘肃师大）有"无庸讳言"和"无庸赘述"两条。词典里没有作"勿庸"的，但是今人的文章里常见。

"无"和"毋"是同一个词的两种写法，但是"毋"（无）和"勿"在秦汉以前是两个词，两种用法。后来用法渐渐混同起来，只在风格上略有区别，"毋（无）"较文，"勿"较通俗。但在某些固定词语里还是只写"毋"或"无"，不写"勿"，"毋庸"之外还有"毋宁"。

一〇六　"悬殊很大"

《现代汉语词典》1294 页"悬"字下有"悬殊"，解释是"相差很远"。《辞源》1178 页也有"悬殊"，注释是"差别很大"。"殊"是差别的意思，"悬"是远的意思，所以"悬殊"是差别很大。那么"悬殊很大"就是"差别很大"+"很大"了。

有时也看见有的文章里写"差别悬殊"，那重复的就不是"悬"而是"殊"了。同样不足为训。

一〇七　"有人"和"某报"

《光明日报》副刊《文学遗产》675 期（1985 年 2 月 26 日）有靳极苍同志的一篇《谈引书作证》，起头就说："研究文学遗产，谁也得引书作证。证据准确，才能有无可争议的论断。"这个话很对，可惜极苍同志未能以身作则，在他的文章里出现许多"有人"、"某报"之类的词语，使读者无从核对。节录原文如下：

　　关于岳飞的《满江红》词，余嘉锡先生因这首词不见于岳珂所编《鄂王家集》，不见于宋元人著录，疑为非岳飞所作……一九八〇年又有人把余先生所怀疑者重新提出来，而结论竟变为"十九不是岳飞作的"。文章发表在重要报纸上……后来又有人在某报发表文章，说此词见于南宋陈振孙《直斋书录解题》……这文章在当时影响很大，据我所知，有些部门把它转载了。可是我想，余先生治学极为严谨……若《直斋书录解题》有此记载，余先生绝不能不予以参考。于是我翻阅了多种版本的《直斋书录解题》，却全没找到如那篇文章所说……因通过某报函问文章作者，作者复信云："未查原书，是引自汪静之所编《爱国诗选》，并恳挚地表示愿接受以后要查原书的劝告……"

引文涉及两个作者，都叫做"有人"，涉及两种报纸，一个叫做"某报"，一个叫做"重要报纸"。当然，我们相信极苍同志所说是实有其人，实有其报，并且所说之事也是实有其事的。可如果有一个死心眼儿的读者，非要核对一番，那就毫无办法了。

　　中国旧时有一个传统，叫做"为亲者讳，为尊者讳"，演变到现在，变成为一切人讳。从前的讳是不忍说，现在的讳是不敢说，怕得罪人。人是"某人"，书是"某书"，报是"某报"，卷、期、页码更加一字不提。这样讳来讳去，要想在有争论的学术问题上明辨是非，那就非常困难了。

写了以上的稿子，正待付邮的时候，看到1986年2月18日的《光明日报》第一版上《大家谈》里一篇题为《翻译作品要讲究质量》的评论，节录如下：

> 最近，有家专业出版社……出版了目前西方的一本畅销小说。……且不谈外语翻译的准确程度如何，就连中文也难以过关。……这种只顾赚钱，不顾质量的做法，不仅损害读者利益，而且对译者也是一种腐蚀。

从这篇评论看，这家出版社出版这本小说可算是罪孽深重了。为什么不说明是哪家出版社和哪本小说呢？这至少可以警告买书的人切莫上当，因为这书还摆在书店的柜台上呀！这又是不必讳、不该讳的一个例子。

恰好同一天的《光明日报》副刊《语言文字》第25期上有一篇邹韶华同志的文章《文学作品要慎用方言》，里面提出两篇作品滥用方言的例子，一篇文艺评论提倡用方言的例子，一位名作家提倡用普通话写作的例子，都一一说明出处，是谁在什么报刊的哪一期上这样写或这样说的。邹韶华同志这样的做法好得很，让我们都向他学习！

一〇八 "不管部长"

在 3 月 2 日的《人民日报》上看到遇刺的瑞典已故首相帕尔梅的简历，说是"从 1963 年至 1969 年，他在社民党政府中先后担任过不管大臣、交通大臣及教育和文化大臣"，因而想起两个久已有待改正而迄未改正的译名——"不管部长"和"不管大臣"。这两个职务的名称应该是"不管部部长"和"不管部大臣"。它们的英文名称是 Minister Without Portfolio，直译是"不带公文包的部长／大臣"，指的是不专门负责某个部的内阁成员或非内阁成员的政府部长。所以正确的译名应该是"不管部部长"和"不管部大臣"。把"不管部部长"援"外交部长"、"国防部长"的例，称为"不管部长"已经不妥，因为外交部、国防部都是一个"部"，可哪儿有一个部叫做"不管部"呢？至于"不管大臣"，那就更可笑了。如果说把"不管部部长"的两个"部"字省掉一个，还情有可原，有什么理由把"不管部大臣"的"部"字也省掉呢？

【后记】这篇文章发表后不久，有维一同志在《北京晚报》上写文章谈这个问题，认为"不管部"三字有歧义，最好改为"无任所"："无任所部长/大臣"。这是仿造"无任所大使"之例，虽然维一同志没有点明。可是这二者有所不同。大使一般是有任所即驻在国的，部长没有这个问题，不管部的部长总还是有一个办公室的。似乎不便仿造。

一〇九 "人际"和"人与人之间"

1985 年 10 月 12 日《北京晚报》的《百家言》专栏里发表了一篇谈"人际"与"人与人之间"的文章，大意是：有人翻译一本书，把书里的 interpersonal 这个字译做"人际"，被出版社的编辑统统改成了"人与人之间的"。该文作者以为大可不改，因为"人际"比"人与人之间"简洁。如"人际关系"、"人际交流"比"人与人之间的关系"、"人与人之间的交流"可以节省四个字，在信息传递中大大节约了时间。

我看问题并不像这位作者所想象的那么简单。有了"人际"

这个词，确实可以省点事，可以用"人际关系"代替"人与人之间的关系"。可是也还有非用"人与人之间"不可的。比如"人与人之间的差别"能改成"人际差别"吗？"人与人之间的契合与隔膜"能改成"人际契合与隔膜"吗？正如有了"国际"这个词，仍然不能废除"国与国之间"的说法，例如"国与国之间的礼尚往来"、"国与国之间的钩心斗角"。正是这种风格上的细微差别使得语言中产生众多的同义词（有的书上称为近义词），使得我们的日常语言有别于数学语言。说来也巧，就在差不多同时，《小说选刊》10月号的"编者的话"里出现了"人际之间"："《沉睡的大固其固》描写的是一个小镇上的人际之间的日常生活。是不是"人际之间"也将继"悬殊甚大"而兴呢？希望不是如此。

一一〇　偏偏不告诉读者他所最想知道的

常常看见有的新闻报道，内容很详细，可是最关键的事项，读者最想知道的事项，偏偏一字不提。真是无可奈何！下面是三个例子。

（一）"一二·九"纪念亭在京奠基

为纪念'一二·九'运动四十九周年，北京市团委、学联于十二月八日举行'一二·九'运动纪念亭奠基仪式和座谈会。当年参加'一二·九'运动的老战士康世恩、刘导生等和各界青年、学生代表共二百人参加了这项活动。(《光明日报》1984 年 12 月 9 日)

问：这"一二·九"纪念亭建在哪儿呀？这不比有多少人参加奠基仪式更重要吗？

（二）全国最大的文化馆在京动工

由文化部、北京市政府和北京市东城区政府联合投资的东城区文化大楼，1986 年 12 月 27 日在北京动工。这座大型文化设施，总建筑面积七千二百平方米，为全国之首，被文化部确定为全国"标定馆"。室内设有曲艺、音乐、舞蹈、美术、书法、摄影、游艺、地下旱冰场、迪斯科舞厅、录音录像等综合文化艺术活动厅。室外设有音乐茶座、屋顶花园、

园林庭院等休息娱乐场地。(《光明日报》1987 年 1 月 7 日)

问：这个"全国最大的文化馆"倒是建在哪儿啊？光说是"东城区"，北京的东城区是北京内城的整一半，十几个平方公里呢！

(三)《伊凡雷帝传》翻译出版

伊凡雷帝是十六世纪俄国的大公、统帅，俄国历史上的第一位沙皇。……本书采用传记的形式，描述和分析了十六世纪俄罗斯历史的这些主要问题，并全面评介了伊凡雷帝充满矛盾的性格。我们期望本书的编译出版对史学界有所裨益，并能引起广大读者的兴味。(《联合书讯》76 期)

问：这么一本重要著作的著者是谁啊？又是谁把它翻成中文的啊？不知道。

一一一　髮生、並甫、常寧、凡鳥

一

1985 年第 7 期《出版工作》30 页引用了一个故事，节录如下：

　　有一本书稿，由于需要把原稿中的简化字改成繁体字，编辑部委托一位青年编辑负责。其中有一处是"××事件发生于××年"，这位青年同志把它改成"××事件髮生于××年"。

这位青年编辑因为不知道"发"不光是"髮"的简体，也是"發"的简体，闹了个大笑话。

　　把"发（＝發）"改成"髮"，讲不通也不管，这是明显的错误。可并不是问题都这么明显。请看下面的例子：

　　《中国建设》(中文版) 1985 年第 4 期 76 页《报人张季鸾先生传》里有一处是：

　　　　我那次在太原住了一个多月……我到並甫十天即接到季鸞先生的親筆信……

《中国建设》中文版全部是用繁体字印的，校对的同志看见"到"字后头的"并"字，认为是排字工人搞错了，就拿起笔来把它改成"並"，尽管"並"字在这里讲不通。他不知道这里的"并"是太原的别名（古"并州"）。

还有一个比这个更隐晦的例子。任二北先生的《优语集》是花了很大力气编纂的学术著作，全部用繁体字排印，可是校对很差劲，非常可惜。第155页引明人笔记：

> 弘治閒，有貴戚封侯者，侍飲禁中。既過三爵，幾有"太陽同物"①之意。伶人为一猴，乘高跳弄，指之曰："者猴子爬得高，跌得重。"當寧諭意，为改容者久之。即敕罢宴。

这里的"當寧"应当是"當宁（zhǔ）"。②"當宁"指皇帝，《礼记·曲礼》："天子當宁而立，诸公东面，诸侯西面，日朝。"《尔雅》："门屏之间谓之宁。"郭注："人君视朝所宁立处。"就现在说，"当宁"已经是一个很冷僻的用语了，一般的校对是不会知道的，于是奋笔把"宁"改为"寧"，虽然他也说不出"當寧"是什么意思。

---

① "太阳同物"的典故出于《晋书·王导传》：中宗既登尊号，百官陪列，诏王导升御床共坐。导固辞，曰："太阳下同万物，苍生何由仰照？"中宗乃止。

② 借"宁"作"寧"，一般不会发生问题。字典里有四对字——佇：儜，苧：薴，訝譚，柠：儜——除"佇"和"苧"外都是极生僻的字。

二

最近读到刘洁修同志的《成语》(汉语知识<u>丛</u>书),又遇到相反的一种情形:应该排成繁体的没有排成繁体。

有一次吕安来访,正碰上嵇康不在家,嵇康的哥哥嵇喜就出来接待。吕安连门也不进,只在门上题了一个"凤"字,转身就走了。嵇喜看见是个"凤"字,心里很高兴,以为是吕安夸奖自己。其实这是讽刺他,说他不过是个"凡鳥"。因为"凡鳥"合书就成"凤"字。(5页)

"凡"和"鳥"合写只能是"鳳",怎能是"凤"呢?

一一二　由苏东坡作《黠鼠赋》的年龄问题引起的

《光明日报》1982年3月3日刊出臧克家同志的文章《东坡少作〈黠鼠赋〉》,说苏东坡做这篇赋的时候还只是十一二岁的少年。4月14日又刊出有关这个问题的三封信。(1)刘启林同志的信，认为这是由于误解参考材料而产生的错误。《经进东坡文集事略》里《黠鼠赋》有一处注释引《诗文发源》，说东坡十多岁时作《夏侯太初论》，有"人能碎千金之璧，不能无失声于破釜；能搏猛虎，不能无变色于蜂虿"之语，以少时所作故不传。后来东坡作《颜乐亭》诗与《黠鼠赋》，凡两次用之。不能因此就说《黠鼠赋》是少时所作。（2）子冉同志的信，说东坡少作大都失传，十一二岁作《黠鼠赋》之说没有证据。（3）眉山三苏文物保管所答复克家同志查询此说根据的复信。（克家同志是从该所出版的刘少泉编著《青少年的苏轼》中初次读到《黠鼠赋》的，刘书说这是苏轼大约十一岁时所作。）这封复信值得一读。全文如下：

　　所问《青少年的苏轼》一书中所说《黠鼠赋》是否苏轼少年之作的问题，我们请问了刘少泉同志，他回答说，确定这篇文章为苏东坡少年之作是有根据的。这个根据在东坡原作中无法找到，一方面是作者本人未写明年月，另一方面东坡是个奇才异人，其精微早熟的天才，包括他少年时的其他作品和行动在内，一般人是难以理解的。

　　少泉同志具体谈了东坡这篇少年之作的理由，主要来自两条根据：其一，宋人王直方的《王直方诗话》一○三页上提到。（编者注：即读者提到《诗文发源》那段话。从略。）

其二，苏东坡之孙苏籀《栾城遗言》三页里有一则写道："东坡幼年作《却刀鼠铭》，公作《缸砚赋》，曾祖称之，命佳纸修写入，装饰钉于所居壁上。"东坡《却刀鼠铭》的基本内容与《黠鼠赋》中的内容大部分相同。而且这篇作品有"曾祖称之"之句，其曾祖是东坡和子由的祖父苏序。苏序是在东坡十二岁时的庆历七年去世的，也就是说，东坡的那篇作品应在祖父去世之前。鉴于以上原因，在不违背历史基本真实的情况下，少泉同志确认那篇作品大约为东坡十一岁的作品。

四川眉山三苏文物保管所

这个答复是不能令人满意的，不知道启林和子冉他们二位是否又给报社去过信，反正《光明日报》没有再发表有关这个问题的文章。

这封信里说《黠鼠赋》是苏轼少年之作有两条根据。其一是引《直方诗话》，根据《黠鼠赋》曾经引用少年时《夏侯太初论》中语句，就把《黠鼠赋》本身说成是东坡少作，这是非常奇怪的逻辑。其二是说苏籀的曾祖苏序看到苏轼的《却鼠刀铭》，苏序死的时候苏轼十二岁，因此《却鼠刀铭》是苏轼十二岁以前的作品，而《却鼠刀铭》内容与《黠鼠赋》大部分相同，因此后者也是苏轼十二岁以前的作品。这里既有逻辑的错误，又有事实的错误。首先，即使《却鼠刀铭》和《黠鼠赋》内容有相同的部分，也不能从前者是少年之作得出后者也是少年之作的结论。其次，《却鼠刀铭》和《黠鼠赋》的内容，除了都跟老鼠这种动物有关之外，可以说是毫无共同之处。我怀疑刘少泉同志没有见过《却鼠刀铭》。（我甚至怀疑他没有见过《栾城遗言》，因为他把《却鼠刀铭》写成《却刀鼠铭》，又在"命佳纸修写"后头加上个"人"字。）又其次，苏籀的曾祖不是苏序而是苏洵，苏洵死于治平三年，这一年苏轼三十一岁了。苏籀是苏辙的次子苏适的儿子，见《栾城后集》卷二十一《六孙名字说》，信里说他是"苏东坡之孙"是错误的。（从引文也可以看出来："东坡幼年作……公作……"，称苏辙为"公"，而称苏轼为东坡，其非东坡之孙可知。）但是这不影响苏籀的辈分，无论他的祖父是大苏还是小苏，他的曾祖都只能是老苏即苏洵，不可能是苏洵的父亲苏序。为什么刘少泉同志会把苏籀的曾祖的名字搞错呢？难道他误解曾祖是祖父的祖父？这不大可能，因为曾祖是祖父的父亲，这是中学生都知道的常识。这就叫人不得不怀疑他是有意搞错，以便让这位曾祖在苏轼十二岁那年死去。以上种种，信的作者似乎也不是不知道，所以才在一头一尾写上些打掩护的话，什么"东坡是个奇才异人，……一般人是难以理解的，"什么"在不违背历史基本真实的情况下，少泉同志确认……。"总之这封信的文风很成问题。

这里所说文风，指的不是文章写得简洁还是烦冗，深刻还是浮泛，等等。这里所说文风，指的是写文章是实事求是，认真负责，还是潦草塞责，蒙混读者。当然读者不能要求作者做他力所不及的事情，但是读者有权要求作者检查他的文稿，避免他能够避免的错误。如此而已，不能算是苛求吧？编辑同志有没有文风问题或者叫做作风问题呢？我看也是有的。拿到一篇稿子，认真阅读，改正他能够改正的错误，或者退给作者去改正，这是一种作风；一手接过来，一手发出去，一切推给"文责自负"，这是另一种作风。

苏东坡多大年纪写的《黠鼠赋》是个小问题，如果这是个孤立的事例，当然不值得大惊小怪。但是类乎此的事情常常出现，这就值得提出来说说了。听说很有些作者和编者不欢迎对他们提出这样那样的要求，这就未免令人失望了。

未晚斋语文漫谈

序

　　收在这本小书里边的有关语言文字的札记是应《中国语文》编辑部的邀约，在那个刊物上分期发表的。篇数不多，性质倒是多种多样，长的有点像一篇小论文，短的像一篇补白，叫做"有话即长，无话即短"。写这样的文字不需要戴帽穿靴。海阔天空，无拘无束。可是也有一个缺点，那就是交稿的日期逼近而文章未写，甚至连题目还没抓着的时候，就叫苦不迭了。总算还好，居然从1989到1991年糊弄了三年。现在是老态日增，健忘日甚，也许不能继续下去了。姑且把已经写了的二十几篇连同在《读书》上发表的三篇，集成一本小书，就正于对这种杂拌儿笔墨有兴趣的读者。

吕叔湘

1991 年 1 月 24 日

一 语言的"任意性"和"约定俗成"

外国学者讲语言学，常常讲到语言的"任意性"，中国古代学者则讲"约定俗成"。其实这二者并不矛盾，可以说是一件事情的两面，或者说是两个阶段。第一个人管牛叫"牛"，管马叫"马"，可以说是其中有任意性，别人完全可以有别的叫法。可是同一部落的人没有个统一的叫法，那就要乱套，得把它统一起来，这就是"约定俗成"。

就现代汉语而论，词语的构成方面就有很多约定俗成的例子。有一类重要例子是同义的字用在复合词或短语里边往往各有所宜，不能互换。下面举例。

（1）亲嘴：亲口（他~告诉我的）　　豁嘴：豁口（城墙、围墙的~）

（2）病畜：兽医　　鸷鸟：猛禽　　水鸟：涉禽

（3）后世：后代　　传世（有文集~）：传代

（4）外事：内务　　海事：港务

（5）远视：远见　　短视：短见（＝寻死）

（6）戏词：戏言　　微词：微言大义

（7）供电：给水　　供宿：给假

（8）保苗：护林　　保姆：护士

（9）黑白分明：不分青红皂白

（10）白手起家：赤手空拳（白、赤＝空）

（11）早上、晚上：年下、节下

以上是同义字在不同的组合里各有所宜的例子。下面再举几个其他情况的例子。

（12）火轮车→火车：火轮船→轮船

（13）铁道西→铁西（沈阳）：铁道里→道里（哈尔滨）

（14）尺寸＝长度（具体义）：分寸＝适度（比喻义）

（15）手脚（～灵便，等等）：脚手架（*手脚架）

（16）应邀，应约：*应请（但"应某某之请"），*应求（但"有求必应"）

（17）爱憎，好恶：*好憎，*爱恶（虽然"爱之欲其生，恶之欲其死"见于《论语》）

以上种种情况都可以用"熟语性"来概括，也就是"约定俗成"在词汇方面的表现。

二 动词性语素组成的名词

很多名词是由两个动词性语素组成的。例如：

战争 诉讼 饮食 穿着 行为 涵养 睡眠 约会 动作

写作 绘画 刺绣 雕刻 记忆 开关 计量 缝纫 买卖

会议 布告 待遇 报酬 收获 经验 思想 见识 见解

见闻 感想 修养 作用 呼吸 知识 学问 消息 是非

反切 交通 顾虑 成就 装束

有许多职务名称也是由两个动词性语素组成的，其中有的原来带一个"使"或"员"之类的字眼，有的没有经过这一过程。例如：

经理 书记 教授 出纳 传达 警察 巡抚 守备 裁判

翻译 编辑 校对

三 太阳、雨、客人

我们可以说"出太阳了"，也可以说"太阳出来了"。可要是把这两句话的语序倒换一下，就都不能说了。如下：

出太阳了。　＊太阳出了。　　＊出来太阳了。　　太阳出来了。

把"出太阳"换成"下雨",只有一种语序可以说。如下:

下雨了。　＊雨下了。　　＊下来雨了。　　＊雨下来了。

把"太阳"换成"客人",又是一种格局。如下:

来客人了。　客人来了。　＊出来客人了。　客人出来了。

为什么会有这种差别,很值得研究,有兴趣的同志不妨试试。

四　"绘声绘影"与"绘声绘色"

记得小时候念书,不知在哪篇文章里念到"绘声绘影"四个字,觉得奇怪。老师说:"这是极言文章的描写生动。你想,声音看不见,影子看不清,尚且能够画出来,别的就更不用说了。"

可是我后来看到的文章,都写的是"绘声绘色",查了几种成语词典,也都只有"绘声绘色"。我想,"绘声"当然是了不起,"绘色"有何难,怎能相提并论呢? 近来遇到两个"绘声绘影"的例子:

此回写名伶谭鑫培之声势、排场、架子、神情、谈吐,

　　绘声绘影，惟妙惟肖。(徐一士《负曝闲谈》25 回评考)

　　　　加上当时贴在家门口的大字报上，还有许多关于乔林的桃色新闻，绘影绘声，使乔林再没法忍受。(韦君宜《旧梦难温》，载《人民文学》1986 年 2 期)

我相信这两位作者的语文修养，坚定了我对于"绘声绘影/绘影绘声"之为正确的信心。

　　最近又有友人抄录两例见惠，转录如下：

　　　　上文如杨执中、权勿用等人，绘声绘影，能令阅者拍案叫绝，以为铸鼎象物，至此真无以加矣。(卧闲草堂本《儒林外史》第十七回评)

　　　　曩制《春燕词》四首，绘声绘影，殊惭体物之工；宜雅宜风，聊寄缘情之感。(清人《秦淮画舫录》下卷，徵题，抑山《忆燕词》序)

可见"绘声绘影"由来已久，"绘声绘色"是以讹传讹。

　　【后记】最近读黄裳同志的《惊弦集》，又得"绘影绘声"二例：[评弹演员们] 在说书时有许多机会描摹市井中人互骂，那往

往是绘影绘声，十分生动的（92页）；摹写酷肖，真绘影绘声乎也
（131页，引清初人语）。

五 "爹爹"和"哥哥"

元曲《墙头马上》第三折有下面一段：

> ［端端云］妳妳，我接爹爹去来。［正旦云］还未来哩。
> ［唱］【幺篇】……你哥哥这其间未是他来时节。……【豆叶
> 儿】接不着你哥哥，正撞见你爷爷。……

"爹爹"和"哥哥"所指相同，都是父亲。称父亲为哥哥，是唐
朝的风俗，居然到元朝还存在，以前还不知道。敦煌石室里发现
的句道兴《搜神记》也有相同的例子：

> 其田章年始五岁，乃于家啼哭，唤歌歌娘娘。（《敦煌变
> 文集》884）

这《搜神记》的年代不晚于唐朝。写做"歌歌"也是时代较早之一证。

按顾炎武《日知录》卷24有关于"哥"的一条:

> 唐时人称父为"哥"。《旧唐书·王琚传》玄宗泣曰:"四哥仁孝,同气惟有太平,"睿宗行四故也。玄宗子《棣王琰传》:"惟三哥辨其罪,"玄宗行三故也。有父之亲,有君之尊,而称之为四哥、三哥,亦可谓名之不正也已。
>
> 玄宗与宁王宪书称大哥,则唐时宫中称父称兄皆曰哥。

赵翼的《陔余丛考》卷37也有一条谈"哥",除引用《日知录》外,还引了些兄称弟为"哥"、父称子为"哥"、僚友相称为"哥",以及为儿子命名(小名)带"哥"字的例子,结论是不足为怪。

可是我总觉得别的情况都比较容易理解,即说话的人借用一晚辈的身份说话,惟独子称父为"哥"不好理解。称父为"哥",是外来语,最早还写作"歌"。我怀疑这跟我国北方某些民族长子继承亡父的妻妾(除生母外)的风俗有关。这就有待于历史学者和民俗学者的研究了。

【后记】有一天忽然想起，有没有可能这"哥（哥）"原来只用于跟说话人有一定的尊卑长幼关系的人，后来演变成为一种泛泛的敬辞，可以用于长辈，平辈，甚至晚辈（如顾、赵所记），像不久以前北京口语里还有的"张爷、三爷"的"爷"？

六　关于成语

翻翻最近一期的《读书》(1989 年 4 期)，在前后相近的两页里边发现两个错字，都出现在成语里边：44 页末行"有人讥为'清谈'或'风花秋月'"，"秋"为"雪"之误；49 页 8 行"瑕不掩玉"，"玉"为"瑜"之误。因为这一篇是座谈会的发言记录，"未经发言者寓目"，所以责任在记录者。可是转念一想，如果说话的人不用这类成语，不是记录的人也就不会犯这个错误了吗？比如 44 页那一处，已经有了"有人讥为'清谈'"，"风花雪月"不是大可不用吗？49 页那一处，不说"瑕不掩瑜"而说"虽然有这些缺点，但优点还是主要的"，不也可以吗？

文章里边多用成语还是少用甚至不用成语，是很值得研究的一个问题。我曾经应一本成语词典编者的要求，写过这样的题辞：

成语之妙，在于运用。

颊上三毫，龙睛一点。

与其滥也宁啬。

大概说起来，"美文"性质的散文里边稍微多用点成语之类还是可以的，但是也以略加点窜，有点新鲜之感为好。别种性质或者别的用途的文章似乎以尽可能少用或不用为宜。

七　张恨水的幽默

典故和成语是分不清的，有典故的场所也容易产生错字。举一个例子。《人民日报》1989 年 3 月 2 日《大地》副刊上有一篇《待漏斋与八百万字》，记张恨水抗战时期住在重庆乡下，卖文为活，生活清苦。屋顶逢雨即漏，自题为"待漏斋"。远处可望见孔祥熙与林森官邸，因自题门联："闭户自停千里足，隔山人起半间楼"，云云。这"半间楼"的"间"字是个错字，应该是"闲"字，（"闲"也写作"閒"，和"間"近似）。张恨水在这里用的是南宋奸臣贾似道"半闲堂"的典故，用"半间楼"就不对了，孔祥熙和林森的住宅一定是很堂皇的，哪能是"半间"？连他自题

的"待漏斋"也是有典故的，不必考据，只要是读过《古文观
止》的都知道。把自己的破屋题为"待漏斋"，一语双关，是自
嘲，把远处达官的府第称为"半闲楼"是讥讽，于牢骚中见风
趣，是张恨水本色。

八　熟语变形、变义

跟成语或熟语有关的还有两个问题值得注意。

一个问题是窜改字句，使可解的变为不可解。比如"不
能（或'岂能'、'难能'）尽如人意"，意思是不能完全符合原来的
希望，这是很好懂的。可是现在常常被人写成"不尽人意"，这叫
人怎样理解呢？这"人意"会不会误会成"物轻人意重"、"生意不
成人意在"之类的话里边的"人意"呢？

另一个问题是改变成语的意思。最突出的一个例子是"不以
为然"。这本来是"不同意"、"不赞成"的意思，照字面分开讲就是
"不认为［这件事/这句话］是对的"。不知道从什么时候起，至多
也不过五六年吧，很多人用"不以为然"来表示"不在乎"、"无所
谓"。这是怎么一回事呢？

幸而类似这样的事情还不多，否则凡是成语、熟语都不能按

照其中成分原有的意思去理解，等于明码电报里夹用密码，咱们的汉语将变成什么样的一种语言呢？

九 一个"普通人"的话和他自己的解说

下面是从张辛欣、桑晔《北京人：一百个普通人的自述》里摘录的一段话，见原书434页：

> 我抄起暖水瓶，冲着前两天拿被蒙我的小子"开"过去了——连玻璃碴子带开水，砸了他一个全身开花，你想那小子的德行吧。顿时，全他妈的"松"了。不，我们是劳教，屋里有暖水瓶，判徒刑的没有，我们夜里关灯。嘿，差距大着呢——我们是犯错误，是内部矛盾；判徒刑的是罪人，性质不一样呢。"开"还不懂？当名词用是"破"的意思，比如"谁的头开了"就是"谁的头破了"；当动词用是"揶"的意思，我刚才就是当动词用的。土话，当然词典里没有。词典里满有诗意，什么"花开了"，"礼品袋打开了"，土话就血了糊啦的了。你乐我名词、动词分得挺清楚？这是考大学练出来的。

这一段话里边含有三个值得语文工作者注意的问题。(1) 有些词语要不要收在词典里？例如"开"、"松"〔sóng〕、"血了糊啦"。哪种词典里可以不收，或者不该收？哪种词典里该收？收进去要不要加个标记，例如〈俚〉（或〈土〉，或〈方〉）？(2)"词典里满有诗意，什么'花开了','礼品袋打开了'"：说话的人可能不含讥讽的意思，可是是不是值得编词典的同志们考虑考虑，把例句编得生动些，最好是从实际说话中采摘来的。(3) 说话的人把名词、动词搞拧了，管不及物动词叫名词。还说是"考大学练出来的"。这当然要由他本人负大部分责任，可是否也有可能是编教材的人说得不够清楚，因而也多少有点责任呢？

一〇 "使功不如使过"的出处

考订一句引用语（包括所谓成语）的出处，如果出于先秦典籍，可以说大概没有问题。秦汉以后的事情就很难一口说定了。最近翻看《潜研堂文集》，在《阎若璩传》里记着一件事：

[若璩] 尝语弟子曰：曩在徐尚书邸夜饮，公云："今晨值起居注，上问：'古人言，"使功不如使过"，此语自有出

处.'当时不能答。"予举宋陈良时有《使功不如使过论》,篇中言秦伯用孟明事,但不知此语出何书耳。越十五年,读《唐书·李靖传》,高祖以靖逗留,诏斩之,许绍为请而免。后率兵破开州蛮,俘禽五千,帝谓左右曰:"使功不如使过,果然。"谓即出此。又越五年,读《后汉书·独行传》,索卢放谏更始使者,勿斩太守,曰:"夫使功者不如使过。"章怀注:"若秦穆公赦孟明而用之,霸西戎。"乃知全出于此。

钱大昕在后面加一句:"甚矣,学问之无穷,而人尤不可以无年也。"这句话前一半当然是不刊之论,后半句在他当时也是对的,因为那时候刻书是件大事,很多人的著作都是死后才由朋友或学生编定刊行,本人在世就印出来的是少数。不像现在有各种刊物,有什么见解可以随时发表,供同行讨论,有问题也就容易得到解答,不需要一个人摸索多年了。

一一 词类活用

在现代口语里常常会遇到一种词类活用的情形,主要是非动词作动词用，其次是非形容词作形容词用。说话的人多半还意识到这是一种临时借用，因而传写的人（如小说作者）有时候给加上引号；但是如果说的人是没读过书的人（如农村妇女），传写的人也就不去加引号了。

这种活用性的动词和形容词一般都有形式上的标识，没有的很少。下面分类举例。例句都有出处，但除比较特别的以外都不注明。

先举非动词活用作动词的例子。最明显的是后边有宾语或者前边有"把"字短语，例如：

（1）末了，他还少不得认真地"马列"了"保长"几句。(叶之蓁《红白喜事》,《人民文学》1982 年 5 期)

（2）"他也怪凄惶的。"——"你凄惶他，谁凄惶我?"(韩石山《画虎的人》,《小说选刊》1981 年 7 期)

（3）局长们少说也是解放牌，辛辛苦苦一辈子，也该优先他们。(解放牌指解放战争期间参加革命的)

（4）这个月我五好都好了四好了……就这一好我就好不上啦?

（5）我们的头死要面子……这回，他把我编外了。(《人民日报》1989 年 4 月 18 日)

前边有"不"、"别"、"没"的例子：

（6）他们还不如狗呢，狗还不势利眼呢。

（7）除了"我保证当穷光蛋"这一条儿不用碰运气，干什么也有运气不运气。

（8）你以为八路军就此完啦？……别这么近视眼。

（9）你党员还没正式吧？

重叠的例子：

（10）来！咱们民主民主——仗，怎么个打法？

（11）像王不顺这样的，不"运动""运动"他，还了得吗？(郑万隆《有整有零儿》《人民文学》1983 年 4 期) —— 这一例有点曲折，"运动"本来是动词，转成名词（某某运动），然后又加上引号，把它当动词用，意思是搞运动。

后边有"了"、"着"以及"出"、"过"等结动词的例子：

（12）我问他："你说这符合你信仰的马列主义吗？"他哑巴了。

（13）你越劝，娘不越伤心吗？哑巴着点儿，过了这一阵就好了。

（14）我的老头儿也顾问着呢，半退不退，还真顾着问，仗义直言呢！(张辛欣、桑晔：《北京人》33)

（15）闹不好，纵然"结论"不出我什么东西来，也会在我的"态度问题"上大作文章。(柳溪《我的文学摇篮》，《人民文

学》1984 年 9 期)

（16）要讲洋，咱都洋！你东洋，我西洋！看谁洋得过谁！（张晓东《内应力》,《小说月报》1982 年 10 期）

（17）我因为常见些但愿不如所料，以为未必竟如所料的事，却每每恰如所料的起来。（"恰如所料的"应该算是名词性的短语，加上"起来"就变成动词性了。）

后边有数量补语或时间补语的例子：

（18）我看……你干脆掖上本书，显得学问一些。（刘剑《约会》,《小说选刊》1985 年 10 期）

（19）就这小玩意儿，手术了两回。

（20）现在，作家的脑子里又意识流了一下。

（21）拿去，这够你脏半年的了。（电影《昆仑山上一棵草》）

前边有"能"、"敢"、"去"等：

（22）"我不能自由主义！"李全拒绝他的要求。

（23）咱们不敢主观主义。

（24）你去集体，俺不集体。

前边有表程度的副词，把别的词类当形容词用：

（25）真的，小颜，有时候你太感情了。

（26）走正步，比军队还军队。

（27）什么全齐了，比香港人还"港"哪!

（28）他连读了三遍，渐渐冒出汗来，最后只好找一个比较哥们儿的老记者出主意。

（29）中央政策不许可? 他们觉着自己就够中央。（"中央"本是形容词，这里是拐了一个"形→名→形"的弯儿。）

（30）《收获》是全国所有大型文学刊物中资格最老也曾经是最权威、至今还权威着的一个好刊物。（《读书》杂志1989年4期）

下面这个例子是由一个副词把后边的形容词转变成动词:

（31）去吧，多想一想，有什么应该坦白的，早一点自动。

当然也有什么标识都没有的，下面举一个例子:

（32）有本事靠自己干，没本事你红眼也全白搭。

以上的例子都是在名词、形容词、动词之间转圈儿，下面是把虚词当动词用的例子:

（33）"诸位，诸位! 这算什么和什么呀? ……这，这这……"可没等宗二爷"这"完就有人……（冯苓植《虬龙爪》，《小说选刊》1985年12期）

（34）"听说这东西现在很值钱呢! 日本人用一台彩色电视机还换不去呢! 真可以说是价值连城呢!""你呢呢嘛? 吝啬!"她大声斥责。（孙芸夫《幻觉》，《人民文学》1983年1期）

（35）年初表决心……保证文工团一年之内拿出十个获地区奖的节目，到九月份还一个不个。(张辛欣、桑晔《北京人》517)

（36）我脑子里轰轰地响，只有一个声音：我不了，不了，不了！(刘心武《这里有黄金》)

词类活用在古汉语文献里常见，陈承泽在《国文法草创》里举了很多例子，别的讲古汉语语法的书里也常常举例。上面讲的跟古汉语里的词类活用是不是同一回事呢？我觉得不一样。古汉语里的词类活用似乎是文章家的一种修辞手法，口语里未必常用，像《论语》这样比较接近口语的文字里就不多见。现代则相反，正经文字里很少见，口语里相当常见，有的是出于无知，更多的是带点俏皮，因而写下来常常加引号。不知道我这看法对不对。

一二 "物"作"人"讲

魏晋南北朝时代（主要是南方）的文献里，常把"物"字作"人"字讲。我在《世说新语》《颜氏家训》《晋书》里摘录了下面这些例子。《世说新语》的例子：

（1）殷仲堪既为荆州，值水，俭食。常五盌盘外无余肴。饭粒脱落盘席间，辄拾以啖之。虽欲率物，亦缘其性真素。(《德行》，24——页码据徐震堮：《世说新语校笺》，1984。下同。)

(2) 桓公在荆州，全欲以德被江汉，耻以威刑肃物。(《政事》，101)

(3) 预少贱，好豪侠，不为物所许。(《方正》，163)

(4) 林公谓王右军云"长史作数百语，无非德音，如恨不苦。"王曰："长史自不欲苦物。"(《赏誉》，258)

《颜氏家训》的例子：

(5) 王籍《入若耶溪》诗云："蝉噪林逾静，鸟鸣山更幽"，江南以为文外断绝，物无异议。(《文章》，273——页码据王利器《颜氏家训集解》，1980。下同。)

(6) 吾今所以复为此者，非敢轨物范世也，业以整齐门内，提撕子孙。(《序致》，19)

(7) 又有臧逢世，臧严之子……书有称"严寒"者，必对之流涕，不省取记，多废公事，物情怨骇。(《风操》，71)

(8) 内外清谧，朝野晏如，各得其所，物无异议。(《慕贤》，137)

(9) 但知私财不入，公事夙办，便云我能活民；不知诚己刑物，执辔如组，反风灭火，化鸱为凤之术也。(《勉学》, 157; "刑"
同 "型")

（10）士君子之处世，贵能有益于物耳。(《涉务》, 290)

《晋书》的例子：

（11）结交接物，恭而有礼。(《杜预传》, 1031—— 页码据中华
书局标点本)

（12）楷性宽厚，与物无忤。(《裴秀传》, 1048)

（13）然楷性不竞于物，……安于淡退。(《裴秀传》1049)

（14）以王敦豪爽不群，而好居物上，恐非国之忠臣。(《卫瓘
传附卫玠传》, 1068)

（15）植负才陵物，孚每切谏。(《司马孚传》, 1081)

（16）司徒王浑宿有威名，为三军所信服，可请同乘，使物情
有凭也。(《王浑传》, 1204)

（17）然外虽弘雅，而内多忌刻，好以言伤物 (《王浑传附王
济传》, 1205)

（18）洪少以清厉显名，骨鲠不同于物。(《崔洪传》, 1297)

（19）瞻素执无鬼论，物莫能难。(《阮籍传附阮瞻传》,
1364)

（20）故终日静默，无所修综，而物自宗焉。（《阮籍传附阮裕传》，1368）

（21）嵩字仲智，狷直果侠，每以才气陵物。（《周浚传附周嵩传》，1659）

（22）帝以循体德率物，有不言之益，敦厉备至。（《贺循传》，1830）

（23）协性刚悍，与物多忤。（《刁协传》，1842）

（24）性质素弘雅，物虽犯而不之校。（《应詹传》，1857）

（25）性通雅，不以名位格物。（《陆晔传附陆玩传》，2026）

（26）庾冰兄弟以舅氏辅王室，权侔人主，虑易世之后，戚属转疏，将为外物所攻。（《何充传》，2029）

（27）是时桓冲既卒，荆江二州并缺，物论以玄勋望，宜以授之。（《谢安传》，2075）

（28）万既受任北征，矜豪傲物，尝以啸咏自高，未尝抚众。（《谢安传附谢万传》，2087）

（29）殿下德冠宇内，以公室辅朝，最可直道行之，致隆当年，而未允物望。（《王羲之传》，2097）

（30）虚己应物，恕而后行。（《王濛传》，2418）

（31）独处茅茨，萧然物外。(《艺术·单道开传》，2492)

此外，在阅读别的书的时候又记下几个例子：

（32）性刚才拙，与物多忤。(《陶渊明集》，《与子俨等疏》)

（33）雷同毁异，物恶其上。(同上，《感士不遇赋》)

（34）讲经者心怀彼我，以骄凌物。(《洛阳伽蓝记》，卷
2《崇真寺》)

（35）物故不可论，途穷能无恸？(《文选》卷21，颜延年《五
君咏·阮步兵》——李善注引臧荣绪晋书，阮籍"口不臧否人
物"，用来解释"物故不可论")

（36）矜名道不足，适己物可忽。(《文选》卷22，谢灵运《游赤
石进帆海》，"物"与"己"对举)。

徐震堮在《世说新语校笺》里附有《世说新语词语简释》，
在"物"字下除引本书一例（＝上引（3））外，还引了《南齐
书》二例：

（37）师伯启孝武，称度气力弓马并绝人，帝召还充左右，见
度身形黑壮，谓师伯曰："真健物也。"(《南齐书》，中华书局标点本
559，《焦度传》)

（38）陛下留恩子弟，此情何异。外物正自强生闲节，声其厚

薄。故言启至切，亦令群物闻之。(同上 411，《豫章文献王传》)

这 38 个例句之中，(4)(16)(37) 是口语的记录。

这个"物"字或者泛指众人，或者总指一切人，是从什么时候开始的呢？《汉书》卷 62 载司马迁报任安书，有"教以慎于接物，推贤进士为务"之语，这个"物"只能是指人而不是指物。但是颜师古等人对这个"物"字没有注，王先谦的《汉书补注》也没有注。上面所引例句，时代最早的是记录西晋人的话，离开司马迁的时代，至少有三个多世纪。这一段时间里，"物"字当"人"讲的例子多不多呢？我对于两汉的书读得不多，一时竟想不起这样的例子。《论衡》这部书里有时候反映当时的口语，程湘清等同志给《论衡》编了一个索引（待印），我写信问湘清同志，他回信说"物"字在全书出现 450 次，未发现有作"众人"、"人"讲的。

一三　宋人笔记中某些字音字义

近来翻阅几种宋人笔记，看到一些与字音字义有关的记载，摘录几条如下：

(1) 胡秘监旦学冠一时而轻躁喜况人。……范应辰为大理评

事，且画一布袋中藏一丐者以遗范，题云"袋里贫士"也。(《渑水燕谈录》卷 10)

按"大"字从来有 dà 和 dài 两个音，但"大理"的"大"现在读 dà，想来宋朝时也不会读 dài，这里只是利用"大"字的异读而已。

（2）［刘］贡父晚年鼻既断烂，日忧死亡。客戏之云：颜渊、子路微服同出市中。逢孔子，惶怖求避。忽见一塔，相与匿于塔后。孔子既过，颜子曰："此何塔也？"由曰："所谓避孔子塔也。"（同上）

"避"谐"鼻"，可见宋朝时候"鼻"字已不作入声而作去声。"塔"谐"塌"。

（3）［元丰］官制行……判大理寺崔谏议台符换大中大夫。前呼曰："大中来。"人不知，皆笑曰："大虫来。"（《麈史》卷下《谐谑门》）

"虫"字是古澄母字，在现代的北方话区域的方言里，声母都是送气的，跟声母不送气的"中"字差别显明。看来在宋朝时候澄母中平声字还没有发生这一变化，发音跟知母的"中"字相近或竟相同。

（4）晁以道与其弟季比同应举，以道独拔解。时考试官葛某

眇一目，以道戏作诗云："没兴主司逢葛八，贤弟被黜兄荐发。细思堪羡又堪嫌，一壁有眼一壁瞎。"（《老学庵笔记》，卷4）

这说明"壁"作"边"讲，宋朝已有。《辞源》《辞海》这一义项都只引王实甫《西厢记》。

（5）故都里巷间人言利之小者曰"八文十二"，谓"十"为"谌"，盖语急，故以平声呼之。白傅诗曰："绿浪东西南北路，红栏三百九十桥。"宋文安公宫词曰："三十六所春宫馆，二月香风送管弦。"晁以道诗亦云："烦君一日殷勤意，示我十年感遇诗。"则诗家亦以"十"为"谌"矣。（同上，卷5）

近代汉语疑问指代词先有"什没"、"什么"，后有"甚么"，不知道是否也是由于"语急"，但"甚"不是平声。

（6）老杜《哀江头》云："黄昏胡骑尘满城，欲往城南忘城北。"言方皇惑避死之际，欲往城南，乃不能记孰为南北也。然荆公集句两篇皆作"欲往城南望城北"，或以为舛误，或以为改定，皆非也。盖所传本偶不同而意则一也。北人谓"向"为"望"，谓欲往城南乃向城北，亦皇惑避死，不能记南北之意。（同上，卷7）

现在常见的杜诗版本没有作"忘城北"的，都作"望城北"，但是对"望"字仍有不同的解释，多数作眺望讲（为什么眺望城北，又有不同的说法）。其实正如陆放翁指出来的，应当作"向"字讲。只是因为向望义的"望"字后来不知道为什么写成"往",因而看见"望"字总是想到眺望。实际上,向往义的"往"说话的时候仍然是去声,跟来往义的"往"作上声不同。在吴语方言里仍然是 m- 声母而不是零声母。

一四　馒头和包子

五十年前,北京人到上海,看见上海人管包子叫"馒头",觉得奇怪。同样,上海人到北京,看见北京人的"馒头"都是没馅儿的,也觉得奇怪。最近我收到许宝华、汤珍珠同志编的《上海市区方言志》,在词汇部分(198 页)看到"馒头"的注释是(1)包子,(2)馒头;下面还有"小笼馒头"、"生煎馒头",都是有馅儿的。可见还跟早年一样。又参考了叶祥苓同志编的《苏州方言志》(394 页),"馒头"的注释是"包括有馅无馅",也有"小笼馒头"、"生煎馒头",跟五十年前我住在那儿的时候一样。

别处的方言里的情况怎么样?查北京大学语言学教研室编的《汉语方言词汇》(1964 年,95 页),十八处方言里,管包子叫馒头的只有苏州和温州两处;至于馒头,则苏州管它叫"大包子馒头"(叶著有"大馒头",无注),温州管它叫"实心包"。

"馒头"这个词始见于晋朝束皙的《饼赋》,作"曼头"。是否有馅呢?从同时有"蒸饼"的名称推测,"馒头"大概是有馅的。查宋人的风物志书,《西湖老人繁胜录》有"生馅馒头"(见《东京梦华录·外四种》,上海古典文学出版社,1956年,120页)。《武林旧事》有"大(太?)学馒头、羊肉馒头",接下去有"细馅、糖馅、豆沙馅"等等,疑皆省去"馒头"二字(同上书,448页)。最详细的是《梦粱录》,有"四色馒头、生馅馒头、杂色煎花馒头、糖肉馒头、羊肉馒头、太学馒头、笋肉馒头、鱼肉馒头、蟹肉馒头;素食类有假肉馒头、笋丝馒头、裹蒸馒头、菠菜果子馒头、辣馅[馒头]、糖馅馒头"等等(同上书,268—269页)。再还有,《水浒传》里边武松在十字坡孙二娘开的客店里不是差点儿做了人肉馒头的馅儿吗?

可是宋朝的文献里也有"包子"。上面引的《西湖老人繁胜录》里紧接在"生馅馒头"之后就是"鹅鸭包子";《梦粱录》里有"水晶包儿、笋肉包儿、虾鱼包儿、江鱼包儿、蟹肉包儿、鹅鸭包儿、细馅大包子"。新版《辞源》"包子"条引黄山谷《宜州家乘》:"十三日壬子,雨,作素包子";又引陆放翁诗题"食野味包子戏作"。看来馒头和包子都有馅儿，分别大概在于皮子的厚薄吧。

一五　五奴

我曾经写过一条笔记，谈"绿帽子"的来源，认为不是乌龟而是鸭子（见《语文近著》278页）。最近翻阅《宋人轶事汇编》（丁传靖辑），在957—958页上得到一条佐证，是引的《至正直记》：

钱唐老儒叶森景修，尝登松雪翁之门，家住西湖，其家颇不洁，杭人常习也。所藏右军笼鹅帖，诚为妙品。张外史戏之曰："家藏逸少笼鹅帖，门系龟蒙放鸭船。"世以鸭比喻五奴也。

"鸭"的问题解决了，又引出一个新的问题："五奴"。查新版《辞源》，有这一条：

[五奴]龟奴的代称。"五"为乌龟之"乌"的借音。见唐崔令钦《教坊记》。

旧版《辞源》没有这一条，新版《辞源》是从哪里取材的呢？我手头可参考的书不多，只在朱居易的《元剧俗语方言例释》（商务印书馆，1956年）里找到一条：

[五奴]龟奴。"五"系乌龟之"乌"的借音。

底下引元曲四例。但是没有"见唐崔令钦《教坊记》"这一句。

《辞源》这一条注释有三个问题。一，"五"不能谐"乌"。今音普通话里，这两个字的声调不同；古音以及许多现代方言里，这两个字的声调和声母都不同。二，唐宋时代的文献里没有称龟为"乌龟"的例子。三，唐宋人不忌讳"龟"字，且因其长寿，多取名为字，"龟年"、"龟龄"常见。赵翼的《陔余丛考》（中华书局1963年用商务印书馆1957年版印）卷38有很长一条关于"讳龟"的考证，结论是讳"龟"起于元代，称龟为"乌龟"只有明代的例子。别的书上往往引元曲《单鞭夺槊》第二折宾白里的"如今只学乌龟法，得缩头时且缩头"为元代已有"乌龟"一词之证，但这里的"乌龟"并没有纵妇淫荡之意，而且《元曲选》里的宾白基本上是明朝的产物，元朝的成分是不多的。

那么"见唐崔令钦《教坊记》"又是怎么一回事呢？崔令钦是唐朝人，如果他的书里确实有五奴的"五"就是乌龟"乌"谐音的话，那就很难推翻了。《汉语大词典》有"五奴"条（350页）：

[五奴] 唐苏五奴妻张少娘善歌舞，有邀迎者，五奴辄随之前。人欲得其速醉，多劝以酒，五奴曰："但多与我钱，虽

吃馄子亦醉，不烦酒也。"后因称鬻妻者为五奴。见唐崔令钦《教坊记》。宋元时又用以称龟奴"五"为乌龟之"乌"的借音。宋周密《癸辛杂识续集·打聚》："阛阓瓦市专有不逞之徒，以掀打衣食户为事，纵告官治之，其祸益甚。五奴辈苦之。"

用某一人名代表某一类人物，这是可以理解的。"'五'为'乌'的借音"为后人——也许是今人——想像之辞，不在《教坊记》引文之内。

一六　奇文共欣赏

《光明日报》1988年2月16日的《语言文字》副刊登出一篇文章，题目叫做《中华母语及其教育科学化的研究》。原文照抄如下：

中华母语是汉民族在其生活的文化土壤里创造的智慧语言，它具有其他民族语言所没有的特点。许多西方语言学家如索绪尔、高本汉、布龙菲尔德等人，都作过恰切的评价。他们认为汉语是一个"完善的表词文字体系"。"文字就是第二语言"。"中国文字和中国的语言情形非常适合"。科学地分析研究母语交换的特点，开发智力的规律，有利于指导全民族的学习和应用。

任何语言都是各民族的先人们运用感官神经获得事物信息和处理信息后的产物。各民族的生理构造与机能是大致相同的，因此他们创造的语言也是大致相同的。例如，有声语言都是由音素构成的。西方拼音语言以很明确的音位观念来表达认识，各个音素间的界限很分明，音节结构比较复杂，故它的辅音很发达，元音很自由。为使其音素所承载的信息准确、丰富，它往往需要加词缀，以及性、数、格的变化来区别。汉语的有声语言也是由音素构成的。最早也曾用分明的音素表达概念，例如在甲骨文字里就已有大量的纯粹表音的假借字。但是先人们在实践中逐渐认识到音素分明、音节复杂易变的有声语言，不利于发声及信息的传递，于是逐渐地将音素分明的有声语言演化为元音辅音有机浓缩成一个声音的有声语言。在古代虽然有人想把汉语的音素分解开来，让辅音、元音各自分开，也不能被全民族所接受。例如明代的昆山腔，它在演唱时即是把汉语字的音素分解开来，这样它有音却听不清字，人们称之为"水磨腔"。汉语的音素分解后不符合汉民族的发声习惯，更不能简洁、准确、明晰地表达概念，说起来十分费力，听起来却模糊一片，失去了信息交换的价值。汉民族的言语系统早已进化到直接用元音辅音融为一个声体的层级。这种语言发声的方法是人在婴幼儿时习得的，它像母亲的乳汁一样渗透了中华民族每个人的细胞。

文字是有声语言的符号。各民族的语言文字最早都是形象符号集。那时一个图形表述的是一个全息形象，缺乏规律性统一性。有些图形复杂不易画准确，表述的信息不是共同的认识，就不能自由组合与交换。于是，文字便向着能表述准确信息及大信息量，以及具有通用性规律化的方向演进。这种演进朝着两个方向发展：一个是文字由各个音素共同承担，那就是印欧语言。一个是将字形表意与声音结合起来共同承担，那就是汉语。为使汉语文字的形体规律化、通用化、形象化、自由化，使形音有机融合，先民们发明了以笔划拼构图形表字的方式，即以最简单的点、横、撇、竖、捺等笔画组成表述全息形象的图形。这是一种以少量的笔画组成众多象形字的方法。它构成的图形不易混淆，表述的信息却准确丰富，承载的信息量却大而具有规律性，易为人们所传习，既能表述简单的信息，也能表述难以描述的复杂形象的全部信息，还能像自由电子一样，根据事物间的组合规律进行自由组合，去创造、表述获得的新信息的词语，从而扩大了文字表述信息的自由度，提高了信息表述的准确度、简洁度。

稍微有点语文常识的读者，读到这篇文章的第一段就会产生一系列的"不懂"。例如：（1）汉语是一种语言，怎么又是一种文字体系呢？（2）怎么文字就是第二语言呢？那么一种外国语又是第几种语言呢？（3）什么叫做"母语交换"？有些什么特点可以分析研究呢？

越往下看，问题越多。只举一个例子：本篇有十一处提到"音素"，这"音素"究竟是个什么东西，叫人百思不得其解。例如作者说：西方拼音语言的各个音素间的界限很分明，它又往往需要加词缀以及性、数、格的变化来区别。这说的是怎么回事？又如作者说：汉人的祖先认识到音素分明、音节复杂易变的语言不利于发声及信息的传递，于是将音素分明的语言演化为元音辅音浓缩成一个声音的语言。这又说的是怎么回事？通篇从头到尾几乎没有一句是稍有语言文字常识的人所能理解的。没有这种常识的人当然更是一片模糊，只看见五花八门的没有定义的名词术语，不知道说的是什么了。总归一句话，对这种文章，"疑义相与析"是绝对没有希望，只有"奇文共欣赏"了。

写这篇文章的人当然是个知识分子，很可能还是"高知"，可是写出来的文章却叫人无法理解。说实在的，在我们的知识分子中间，对语言文字缺少常识性理解的并不少见。这是非常不幸的事情，因为对合理的语文政策的阻挠常常来自他们。有人会说，不是现在的中学课本里隔三间五有"语文知识"课吗？以后的情形会好起来的。可是我不敢这样想。因为那些"语文知识"课讲的都是某些词语的意义和用法，某些句子格式的分析和运用，是我称之为微观语文知识的东西。至于宏观语文知识，这些课本里是不谈的。什么叫做宏观语文知识呢？我以为至少应该包括：语言是怎么回事？文字是怎么回事？文字和语言之间是什么关系？是不是有的语言能用拼音文字来书写，有的语言不能？汉语除了能用汉字书写外，是不是也能用拼音字书写？为什么直到大约七八十年以前，中国人的语言生活还是这样一种畸形现象：嘴里说的是方言，笔底下写的是文言，两不相干？这种情况是怎么形成的？为什么这种情况不能适应现代中国人的生活需要，因而要进行改革？哪些方面的改革已经成功或正在推进？哪些方面的改革还迟疑不决，止步不前？汉语要使用打字机，以及通过打字机使用电脑，是不是必须经过汉字形体的分析编成号码？因而不能脱离专业化，即限于一批以此为职业的打字员，不能通过拼音打字，打成汉字，使电脑这个一切现代化的关键手段普及到每一个会说汉语普通话的人？这一系列问题，其中的是是非非，都可以

通过观察和实验得出答案。(请看《语文建设》1990 年 2 期 64
页《受留学生青睐的中文信息处理课》。)这就是我所说的宏观的
语文知识。这样的语文知识，我认为每一个受过中等教育的中国
人都应该具备，正如他应该知道他的身体里有脑、心、肺、胃、
肠、肝、肾等器官，各自起什么作用一样。这样，像前面转录的
那种莫名其妙的文章就永远不会出现了。

一七　陈刚的《北京方言词典》

在"京味儿"小说或杂文中常常会遇到些个看不懂的字眼
儿，这就得请教老北京或者查北京话词典。北京话词典没有多少
种，在我的经验里，数陈刚同志的《北京方言词典》搜罗的词语
比较多，尤其是早年间常用、现在少见的。反之，有些新近流行
的往往漏收。现在把我记下来的摘录几条做例子。

（1）出门在外就是三孙子（肖复兴《一路平安》）。陈 240，三
孙子：谓受欺压的可怜人。

（2）后来几篇就不行了，越写越水（同上）。陈 255，水：(4)
（技能或质量）低劣。

（3）当众恶心我几句，多让人下不了台（同上）。陈 74，恶

心：（2）使有反感。

（4）你干嘛这么踩唬我们今天的话剧（同上）？陈25，踩咕〔cǎi gu〕：《新》藐视，贬低。又，踩毁/踩乎〔cǎi huo〕：造谣中伤。

（5）我这张票是前几天溜溜排了一宿队买的（同上）。陈175，溜溜儿：（2）自始至终，足足。

（6）他犯不着和这样无知而浅薄的人治气（同上）。陈333，治气：（同某人）生气。

（7）卖报的小伙子话茬子跟得快，调门也高（同上）。陈116，话碴儿：（2）说话中断的地方，话头。

（8）我这队伍拉出去，全省的同行没人敢叫劲（《站在高高的脚手架上》，作者失记）。陈130，较劲儿：（1）争胜。

（9）老哈被噎得半天没捯上气来（同上）。陈55，捯气儿：（2）因说话过急而连喘带说。

（10）白天不吭不哈，一到晚上，和他那几个知心朋友往黑处一猫……（同上）。陈185，猫：（1）躲藏。

（11）给我使绊子的，别怪我李某不客气（同上）！陈11，绊子：（1）用脚绊倒人的动作。按：例句用的是比喻义。

（12）大刘分到了一套房，两室一厅，一厨一厕，乐得他屁颠

儿屁颠儿的（柴庆学《大刘和他的朋友们》）。陈216，屁颠儿屁颠
儿：原指颠簸奔跑，转用来形容极度高兴。

（13）邪性，有这么便宜的事？没猫儿腻（同上）？陈187，猫
儿匿：（1）内情，多指私弊。〈波斯语〉ma'ni（含义）

（14）大刘这下可急了……搲了一杯酒，咬咬牙。大刘可也编
得快："是这样，头儿的二小子偷了五十斤铜，让我瞒下了。"（同
上）陈334，搲：（3）向嘴里倾倒（酒等）。

当然，就这三篇小说里边也还有些北京方言词在陈刚同志的书里
找不着。可是就凭上面引的例子也足以证明这本《北京方言词
典》搜罗丰富了。

陈刚同志编这本词典，前后将近四十年。引他自己在《前
言》里说的话："我着手编写这本词典是在 1943 年，时行时辍，有
时一辍就是二三年不动。1958 年初具规模。此后十五年没有动
它。1974 年改用汉语拼音时发现丢失了不少词条，于是又补了一
些。此后又停了几年，直到 1979 年才又断断续续增补一些，同时
又删掉了一些与《现汉》重复的词条。"这里边"此后十五年没有
动它"这句话的背后是一段辛酸的历史：陈刚同志遭逢一场飞来
的灾难，离开一个在北京的出版社，下放到长城外面很偏僻的一

个县城去教中学。生活的艰苦可以用一件事做例子：做饭用的煤全县城没有一个地方卖，得自备工具到离城十多里地的小煤矿去拉。因此我想到古往今来不知道有多少人本来可以对文化事业做出或多或少的贡献，由于这样或那样非他所能控制的原因而不能实现他的愿望。陈刚同志经过断断续续四十年的努力，终于还留下一本颇有分量的《北京方言词典》，可算是不幸中的大幸。今天是陈刚同志逝世两周年，写此短文，聊为纪念。

1990 年 7 月 28 日

一八　新华社电讯中的文字失误

去年 1990 年 12 月在同一天的报纸上看到三篇有文字失误的新华社电讯。

（1）在标题为《人大常委会 17 次会议闭幕》这一则电讯里，有一段是：

会议通过了《中华人民共和国缔结条约程序法》共二十一条，自公布之日起实施，它将适应于中国同外国缔结的双边和多边条约、协定和其他具有条约、协定性质的文件。

引文里的"适应"显然是"适用"之误。

（2）在标题为《严惩毒品犯罪决定获通过》这一则电讯里有一段是这样写的：

> 全国人大常委会今天通过一项严厉惩处毒品犯罪的决定，对走私、贩卖、运输、制造鸦片一公斤以上和海洛因五十克以上的将处以十五年有期徒刑、无期徒刑或者死刑。
>
> ……
>
> 根据这一决定。可以处十五年有期徒刑、无期徒刑或者死刑，并处没收财产的毒品犯罪还包括下列四种情形：
>
> ——走私、贩卖、运输、制造毒品集团的首要分子；
>
> ——武装掩护走私、贩卖、运输、制造毒品的；
>
> ——以暴力抗拒检查、拘留、逮捕，情节严重的；
>
> ——参与有组织的国际贩毒活动的。

引文的第二段的"还"字显然是"共"字之误。

（3）在标题为《二百零四名华裔获美国数学博士学位》这一则电讯里说：

　　美国数学学会最近公布的一项报告说，上一学年全美国获得数学博士学位的九百三十三人中，非美国籍的华裔就有二百零四人。在二百零四名非美国籍的华裔博士中，八十三人来自中国大陆，五十九人来自中国台湾省，十二人来自香港，还有五十人未注明是来自中国大陆，还是来自中国台湾省或香港。

"非美国籍的华裔"是自相矛盾的。"华裔"的定义是"华侨在侨居国所生并取得侨居国国籍的子女"（见《现代汉语词典》483页）。这个定义稍嫌狭窄，现在常常把华侨所生的第三代，甚至第四代也包括在内。但是有一个重要条件，就是他本人不是从中国去的，而是出生在外国并且有外国国籍的。如果没有外国国籍，只能称为"华人"；久居不归的则称为"华侨"。现在有时候在报纸上也看见把在中国出生而取得外国国籍的也称为"华裔"，其实是不妥的，只能称为某籍华人。

　　以上三则电讯都有文字失误，但是性质不完全相同。（1）的"适用"错成"适应"可能是误解词义，也可能是在作者的方言里"应"和"用"发音相同或相近。（2）应该用"共"而误用"还"，是因为上文已经有了一句"对走私……或者死刑"的总提，误以为等同于四种情形里的第一种，可是底下又列举四种情形，没有把第一种去掉。(3)的把"华人"误为"华裔"是因为不知道"华裔"的意义。(1)和（2）都可以归入"忙中有误"一类，如果写完了电讯稿再看一遍，就可能发现错误，即时改正。新闻记者常常会因为争取早发稿，不肯写完之后再看一遍。这是很不妥的，有时候会造成不仅仅是文字上的错误。(3)是常识问题。如果不知道"华裔"和"华人"的分别，多看几遍也没用。有人说，当新闻记者要胸中有一本小百科，这话有道理。

一九　单名以及有关写信的用语

1990年12月30日的《北京晚报》的《文苑》版摘录《楚天周末》里一篇关于现在姓名相同的人太多的问题。据说是全国约有一半人口使用19个姓，张、王、李、赵四大姓各有将近一亿人（这句话得打个问号——笔者）。再加上90%的中国人通常在400个字中取名字，并且趋向于取单名，这样，同姓同名的现象也就日益增多，云云。事实上，双名而是叠字，如"双双"、"燕燕"，或者双名的第一个字是"小"，如"小龙"、"小虎"之类，也都跟单名一样容易重复。

　　上面所说是一个社会学的问题，从语文的角度看，单名也确实引起一些麻烦。从前一个人除一个正式的"名"外，还有"字"、"别号"（还往往不止一个）；有的人还有"谱名"，与"名"可能相同，也可能不同；有的人还有小名，一称奶名，如"狗儿"、"和尚"之类。这些名、字、号各有各的用处，实在麻烦得很。后来实行一名制，不但是法律上只承认一个名字，社会上交往也只用一个名字，这是件大好事。然而也就给取单名的人引起一些麻烦，不是他自己不方便，而是跟他来往的人不方便。比如书法家、画家写字画画送人，对方是单名，落款带上他的姓，显得不恭敬，不带上他的姓又不成。又如写信，对老师或前辈，可以避开名字称"张先生"、"李先生"，对很熟的同事或同学可以称"老王"、"小朱"，可是对比较生疏、需要礼貌的人而那个人是单名，这就有点为难了。（附带谈点私事，我在家谱上是"鐘"字辈，名字是"鐘湘"，上学的时候单用"湘"字，也没有个"字"，一直到出来工作，遇到种种不便，才加进一个"叔"字，算是个"字"，因为我排行第三。赶到实行一名制的时候，我就干脆"以字行"了。可是有些只看过我的文章、没见过面的朋友给我来信常常把"叔"字写成"淑"，不知道是因为"江河"、"淮海"、"潇湘"、"沅、澧"，总是"水不单行"啊，还是沾了芭蕾舞名演员白淑湘同志的光。）

由写信落款问题想到写信的别的方面的问题。其一是信封上写收信人的姓名，是写给邮务人员看的，不需要写出发信人和收信人的关系。可是我的街坊里有老太太收到乡下女儿来信，信封上写"赵某某妈妈收"，想来这不会是孤立的例子。

另外一个问题是信封上收信人姓名之后和信里边写信人署名之后的"启"字，从前常见，现在已经少见了。这两个"启"字的意思不一样。收信人姓名之后的"启"字是开封的意思，一般写成"台启"、"钧启"，有的写"亲启"，意思是不让别人代拆。写信人署名之后的"启"字是陈述的意思，常常写做"敬启"、"谨启"或"手启"。曾经看见过有人在信封上收信人姓名之后写"敬启"，这就是把只能用在信里边的搬到信外边来了，收信人见了，啼笑皆非。现在通常是信里信外都不加"启"字，省许多麻烦。

关于写信，还有一件事，我一直在纳闷儿的，就是"此致敬礼"等字样在信纸上的位置。从前写"此致敬礼"是"此致"退后两个字地位，"敬礼"另行顶格。不知道从什么时候起逐渐流行"此致敬礼"往后移，"此致"写在一行的中段，"敬礼"写在一行偏左三分之一处，既不顶格，也不跟"此致"挨边。这种写法，毫无道理可说。我希望这只是一时的现象，跟服装商店里的时装一样，"新潮"一段时间就不"新潮"了。可是我希望恢复老样子，不希望又有更奇怪的写法出现。

最后，谈谈信纸的折叠。原则是尽量少折叠就能装进信封，这是很容易做到的，也是大多数写信的人的习惯。可是我曾经不止一次收到不相识的年轻人来信，信纸的折叠十分美术化，以至于我没办法给读者描写清楚。这种折叠法大概在青少年中间相当流行吧。我希望这也跟麻疹一样，痊愈之后终身免疫。

二〇　拉开帷幕和降下帷幕

报刊上的新闻报道特别是体育新闻里有常见的两句话，叫做"拉开帷幕"和"降下帷幕"。细想起来，这两句话是矛盾的。"拉开帷幕"，是说幕布有两块，原来靠拢（部分重叠），现在一块往左一块往右拉开，露出舞台。"降下帷幕"是说幕布原来高高在上，现在往下降落，把舞台遮住了。问题是一左一右的两块幕布什么时候升到舞台的上方并且连成一片的？放着不管是上和下或者左和右都能用并且已经用了多年的"开幕"、"闭幕"不用，偏要"拉开帷幕"和"降下帷幕，才过瘾，这也是新闻语言力求与众不同之一例吧?

二一　衬字性质的"它"

一个语法形式可以从两方面进行研究。可以研究它在语句结构里的地位：是哪种语法单位？是句子或短语里的哪种成分？跟它的前面的或后面的别的成分是什么关系？等等。另一方面，也可以研究它出现的条件：什么情况之下能用或非用不可？什么情况之下不能用？必得用在某一别的成分之前或之后？等等。前者是理论研究，后者是用法研究，大致可以这样说。

以上所说可以说是所有从事语法研究的人都或多或少意识到的，是一种常识。我又把它提出来，是因为早几天在一个刊物上看见一句话：

趁着现在年富力强，再拼搏它几年。

这个"它"字是无所指的，是一种"衬字"，在早期白话里就已经出现，我在《近代汉语指代词》1.2.6（2）节里已经举例。可是它究竟是个什么东西，用起来有什么条件，都没有进一步探讨。

要论这个"它"的位置，很像个宾语。可是"拼搏"显然是个不及物动词，那就只能说"它"是个形式宾语。可是有的句子里的动词已经有了宾语，仍然可以加进去一个"它"，例如：

咱们去买它二斤羊肉吃涮羊肉。

说它是宾语就有点困难，只能进一步交代：即使动词后面已经有

真正的宾语，还是可以在动词和宾语之间加进一个"它"，造成双

宾语的假象。要是有真正的双宾语的句子，这个"它"就进不去

了。例如：

*我来教它你们一个法子。

从语法理论方面探讨，好像再没有什么可说。只能说这个"它"

有一种文体作用，是某种口语风格的标志。

如果从用法方面研究，我们首先会想到的是这种"它"字总

是出现在讲到未来的事情的句子里，讲到过去的事情似乎就用不

上。例如：

*昨天我买了它二斤羊肉吃涮羊肉。

再仔细一想，也可以有这样的句子：

昨天我想买它二斤羊肉吃涮羊肉。

这就不能用未来和过去来区别，只能用未实现和已实现来区别

了："想"是过去的事情，"买"是未实现的事情。

除此之外，凡是习惯性的事情，就不论时间都可以用"它"。

例如：

每到春节我总要买它二斤羊肉吃涮羊肉。

从前每到春节我总要买它二斤羊肉吃涮羊肉。

第二句加了"从前",还隐含着现在不这么想了的意思,这可是跟"它"字没有关系。

这个"它"在用法上还有一个容易被忽略的特点,就是带"它"的动词的后面的宾语或补语一定得带上数量词。比较:

走,咱们去买它二斤羊肉吃涮羊肉。

*走,咱们去买它羊肉吃涮羊肉。

咱们今天吃它一天大米饭。

*咱们今天吃它大米饭。

上面用有些句子里边的动词后面带一个无所指的"它"来说明一种语法形式可以分别从理论方面和从用法方面进行研究。哪方面更加重要呢? 这要看情况。首先,可能有某一种语法形式,在用法上没有多大讲究,在理论上很值得讨论;也可能有一种语法形式,在理论上没有多少可讨论的,可是在用法上很有讲究。像上面讲的"它"就属于后一类。其次,也有这种情况:不把用法问题摸透,理论问题也解决不好。再还有,对于语言教学工作者,用法研究显然比理论探讨更重要,不但教母语是非汉语的学生是这样,教母语是汉语的学生也是这样,因为这可以使学生意识到他原来没意识到的事情。

我常常有一种感觉，就是在现在的语法研究工作中，用法研究还没有得到它应有的重视。去年10月在合肥召开的第六次现代汉语语法学术讨论会我没能去参加，现在讨论会的主持者正在从这个讨论会上宣读的论文中选出若干篇编入《语法研究和探索》第六辑。编选的同志要我在头上写几句话，我就借这个机会把上面所说的感想写出来，就正于研究语法的各位同志。

以上是为《语法研究和探索》第六辑写的类似序言的一篇短文，这本书还没印出来，我把这篇短文先作为笔谈在这里发表，求正于语法学界的同志。

二二　指示代词二分法和三分法能不能比较

在《中国语文》今年（1991年）第3期上看到洪波同志关于指示代词二分法三分法跟我讨论的文章，免不了要写几句解释。洪波同志的主要论点，引原文如下：

> 我们知道，作为一个自足的系统，其每一个要素的价值（可定义为要素在系统中的功能取值）是由它与本系统中

其他要素的关系决定的，因此，一个系统里的要素与另一个系统里的要素在价值上是不可比较、不可对应的。指示代词就是这样一个自足的系统，在这个系统里每一个成员的价值都充分地依赖于与本系统其他成员的关系。拿以空间距离为参照的二分系统（如北京话的指示代词系统）来说，近指与远指完全是在彼此的对立关系中获得其自身价值的，没有远指就无所谓近指，反之亦然。三分系统呢？虽然内部结构可以各种各样，但在价值的获得上却具有另外的一致性，它们不是非彼即此，非此即彼，而是三足鼎立，其中每一个成员的价值要取决于与另外两个成员的关系。因此，三分系统里每一个成员的价值与二分系统里每个成员的价值是不相同的，在价值上两者是不可对比的。

洪波同志在提出不同系统中的成员不能互相比较之后，接着就用他的家乡话庐江方言作为指示代词三分法方言的例子，详细说明无法同指示代词二分法的普通话互相对应。洪波同志对庐江方言指示代词的详细描述丰富了我们对一个指示代词三分法的方言的知识，可是我们不认为这可以作为两种不同的指示代词系统不能比较的理论根据。

关键在于我们怎样理解"比较"这个词的意义。《现代汉语词典》里"比较"这个词的定义是"就两种以上的同类事物辨别异同或高下"。可见"比较"是既要比出相同之点，也要比出相异之点，并不是只许比出不同之点，不许比出相同之点。如果跟这个相反，只比出相同之点而置相异之点于不顾，那叫做"等同"，不是"比较"。洪波同志有理由反对"等同"，没有理由反对"比较"。比较要在同类事物之间进行，不同类的事物不能比较。比如天上的星星跟我手上拿的笔不是同类事物，不能比较。而人和猴子都是灵长类动物，就可以比较。拿他们的四肢来比较，他们下肢的主要功能相同，都是移动身体，人类的上肢的主要功能是拿东西和做事，而猴子的上肢既用来拿东西，也用来移动身体。我们并不因此而说猴类和人类的四肢不能比较。

在语言方面举一个例子。俄语的名词有六个格，德语的名词只有四个格，这两种语言的格的系统不同。德语的第一、二、三、四格跟俄语的第一、二、三、四格的用法有很多相同之处，但是也不完全相同。我们不能因为德语和俄语的格的系统不同，就说德语的四个格不能和俄语的前四个格比较。推而广之，如果因为两种语言的语音、语法、语汇不同，就不可比较，那么，对于学习外语非常有用的"对比语言学"就完全失去存在的理由了。不但如此，歌德还曾经说过，如果一个人一种外语也不懂，那么他对于他的母语也不可能说是真正懂得。我看这个话有点道理。

另一个问题是关于指示代词二分法和三分法是否有过互相转变的历史；如果有过，是三分法变二分法还是二分法变三分法。在这个问题上洪波同志跟我的意见相同，就是说，这个问题现在很难探索，因为缺少有关的文献。小川环树先生设想远古的汉语方言的指示代词原来都是三分法，"汉语的北方话大多已失掉这三分法，或许是受了阿勒泰系语言的影响也未可知，因为蒙语和满语的指示代词只有两种（近指和远指），是用两分法的。"我对此怀疑，因为这种转变没有文献做证明。我觉得如果不要求有历史材料做依据，那就也未尝不可以提出由二分法产生三分法的可能。反正都是没有实实在在的根据的猜想，可以说是"五十分对五十分"。如果考虑到我发现的很多三分法的方言里的中指代词的声母或者跟近指代词的声母相同或者跟远指代词的声母相同这一事实，那么我的五十分也许可以加到五十五分。但是在充分的证据出来之前，谁也得不到满分。而出现充分证据的可能，我估计是很少很少，因为我们缺少各地方言的历史记录。

小川先生引用松下大三郎的话，说古汉语的"是"字是中指代词。有这个可能。但是古汉语的全貌我们还说不清。上下一千多年，纵横二三千里，肯定是方言分歧。一般所说的"古汉语"基本上是指除《尚书》和《诗经》里的《雅》《颂》部分以外的古籍的最大公约数，即所谓"雅言"。这种语言不代表某一地方的方言，而是一种通行于各地贵族和知识分子中间的"官话"。各国的口语不同，可以用《孟子》里设想楚国大夫要儿子学说齐国话的故事来证明。再参考现在各大方言区内部方言的分歧情况，可以断定古代一国之内也是方言分歧的。直到西汉末年这种方言分歧还零散地反映在扬雄的《方言》里。这种方言分歧的情况也多多少少反映在"雅言"里，否则古书上的指示代词为什么不是两个或三个，而是八、九、十来个呢？

退一步说，古汉语有一个远、中、近三分的指示代词系统，拿哪三个词做代表呢？这又是一个大大的难题。再联系到晚唐五代北方汉语中最早出现、并且可以说是沿用到今天的两个指示代词"这（遮）"和"那"，让它们和古汉语挂钩，那么，"那"和"尔"、"若"是挂得上的，可是"这（遮）"呢？更重要的是所假定古汉语中存在的中指指示代词在晚唐五代的文献里已经消失了。那个时代离蒙古人、满人走进长城还早着好几百年呢。

有一种可能是南自南，北自北，从古以来汉语方言就有南北两大系统。从 4 世纪起，直到 14 世纪，北方一直不安定，北方居民陆陆续续往南方跑，指示代词二分法的方言也就跟着不断渗入乃至排挤指示代词三分法的方言，形成现在这种局面。谁知道呢？姑妄言之妄听之吧。

二三 "他（她、它）"到哪里去了？

我们的报刊语言里有一个奇怪的传统，就是不肯用"他"、"她"、"它"，总是用"其"和"之"。下面举几个例子。是偶然看见，顺手记下的，不是有计划搜罗的。要是特地搜罗，可以多得多，有兴趣的读者不妨试试。下面是我记下的例子，报刊的大名恕我从略。

（1）僧众们称其"佛爷"，我们汉族则沿习称其"活佛"。

（2）这个局在给其处分后，又限期调出检查队伍。

（3）有美国、日本等人士以高价向其收买，均遭到拒绝。

（4）在他的家中还珍藏着许多介绍中国的图书和画册，每当客人光临，他总是拿出来向其介绍。

（5）即使那些早期移居西方国家的艺术家，其之所以能在异国崛起，也莫非以东方的内涵意境博取西方人士之激赏。

（6）翠娥误以为其嫂韩素娘通奸害夫，将其拉上公堂。

（7）本书著者为其取名为采用哑谜形式出之的"哑谜诗歌"。

（8）……拉进了经济学的研究范围，将其作为内生变量来加以分析处理。

（9）古代艺术家们并没有局限于霍去病本人的高大形象，而是从似乎与之毫不相关的动物形象出发……。

（10）在最近的实验中我们甚至能够把个别原子捡起来，将之移动，以形成人工设计的图案。

（11）现象学自身的演变和发展实际上弃绝了将之建立为一门科学的尝试。

（12）您对那些角色的塑造……要多深刻有多深刻，以至读者进行审美时实难稳定住对之的爱憎怨怒与是非判断。

（13）听得出来，打电话的另一方遇到了难题，姑娘正掰开揉碎地为其出主意。

以上九个"其"字的例子，四个"之"字的例子，都是可以不用"其"或"之"的。（1）（2）（3）可以用"他"，（4）用"他"或"他们"，（5）用"他们"，（6）用"她"，（7）（8）用"它"，（9）用"他"，（10）（11）用"它"，（12）用"他们"。唯一似乎有点为难的是（13），因为"打电话的另一方"不知道是男是女。这也不难解决，不是很有些人爱用"他或她"吗？这儿正好用得上。可见这些地方用"其"和"之"都是流传下来的坏习惯。

这个奇怪的传统大约是在"五四"时代初兴白话文的时候开始，一直延续到现在，论年岁不在七十以下，并且从新闻报道文字蔓延到了发议论、谈学术的文章，可说是生命力很顽强的了。然而，念起来总不像"其一、其二、其所以、总之、久而久之"等等顺口。后面这些个，从白话文的角度看，可以说是已经驯化了，或者说是同化了，而"将之、对之、将其、为其"始终格格不入，仿佛是喉咙里有一个"异物"卡在那里，叫人感觉异常难受。

二四 由笔误想到的

在一本杂志里看到两位知名作家的文章里有几处笔误（或者手写之误）：

自己个人的经验便成了很大的限止。——"止"为"制"之误。

　　作家们绞尽脑汁，要独辟奇径。——"奇"为"蹊"之误。

　　……以此作为解析作品的钥匙。孰不知这样做其实是很危险的。——"孰"为"殊"之误。

　　怎样看待这种笔误呢？因为出于知名作家的笔下，就予以比对中学生更严厉的谴责？我认为没有必要，用不着大惊小怪。汉字就是容易写错，复合词，尤其是成语之类，里边的字尤其容易写错。只要不产生与原来的意义不同的另外一种意思，就没有什么大不了的。

　　汉字的优点很多，但是有一个极大的缺点，就是容易读错，容易写错。古书上常常有些字作同音或不同音的别的字讲，这也可以算是一种写白字，只是因为它是古人写的，就美其名曰"通假"。（请注意，我没有把所有的"通假"都认为写白字的意思。）后来就有人出来写书，辨别正和误，例如龙启瑞的《字学举隅》之类。到我上学的时候，又有人嫌这类书还不够实用，就编写一些更容易看懂，包含面也更广的书。我的中学老师顾雄藻先生就曾经写过一本《字辨》，风行一时。以后不断有同类的书出版，直到现在。可见念白字、写白字是汉字的"胎里病"。在现在普通话还没有普及的时候，用拼音字写文章还行不通，可是到了普通话真正普及的时候，用汉字还是用拼音字写现代汉语文章就很值得考虑了。

我曾经说过，俄国有个高尔基，中国有个高玉宝，都是没有进过学校，自己学会写字作文的。起点相同，而成就悬殊，一半由于两个人的天赋不同，一半也由于高尔基所要学着掌握的是拼音文字，而高玉宝所要努力降伏的是汉字。这个话听起来好像是说笑话，认真想一想，不完全是笑话。高玉宝学汉字的艰难过程是有记录的。

二五　人称代词图解

在有形态变化的语言里，人称代词往往有单数、复数，指人、指物，阳性、阴性、中性等种种分别。50 年代我曾经在 Word 杂志上读到过两篇讲人称代词的文章，讲的都不是印欧系语言。它们的人称代词的种种分别和印欧系语言的情况有些不同。引起我的兴趣的是这两篇文章都附有图解，我顺手把图解描下来，可惜现在已经找不着了。我想，现代汉语的人称代词也可以用图解来表示。

```
                    我们₁
                     │
        我们₂ ── 我 ── 咱们
                     │
        他们 ── 他 ── 你 ── 你们₁
                     │
                    你们₂
```

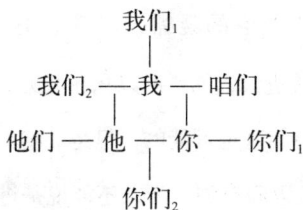

上面图解里有两个"我们"和两个"你们"，需要略加说明。"我们₁"是"我"的扩大，用在集体发言的场合，例如联名写信、发表声明等等，它的对立面是"你/你们₂"或所有一切人。"我们₂"是"我／我们₁"加"他/他们"，它的对立面是"你／你们₁"。"你们₁"是"你"的扩大，例如教师在班上说话的时候指全班学生。"你们₂"指"你"和跟"你"处于同一地位的人，例如教师在课外对一个学生说有关全班学生（即"你"加"他们"）的话，或者父母对子女中的一人说有关他们兄弟姐妹的话。

现代汉语的人称代词在口语里和在书面上稍微有点出入。书面上第三人称分别"他、她、它"，口语里只有一个 tā，口语里有"咱们"，书面上除剧本、小说等文艺作品外不大用，一般仍然用"我们"。这个"我们"放在上面图解的"咱们"的位置上，可以标为"我们₃"。"咱们"或"我们₃"包括"我/我们₁"加"你/你们₁"，它的对立面是"他/他们"，例如"咱们去，别管他（们）去不去。"

这个"咱们"以及它的凝缩式"喒",有人认为是从北方民族（契丹、女真）传进汉语的，所以只在北方官话区里通行，长江流域官话区里就没有。这是可能的，但是"咱们"的原料"咱←自家"和"们"都是汉语固有的，所以不能说是进口货，只能说是用本族材料照外族式样加工的。

有人会说，"有了'我们'、'你们'就得了，还分什么一、二、三，有那么多麻烦!"我说："六合之内，无奇不有，咱们知道的语言太少了，焉知世界上没有一种语言是用语音形式来区别这一、二、三的?赵元任先生说得好，说'有'易，说'无'难。"

人称代词是很值得研究的。从社会语言学的角度看，在某一时期，某些社会或社团，不行直接用人称代词，而要用尊称和贱称，如"老爷"、"奴才"之类（请看《红楼梦》和其他旧小说）。就是现在，也还有礼貌称呼如"您、怹"之类。

从语言习得的机制看，人称代词是比指示代词难学会的。如果您用手指指着自己对您的正在学话阶段的孩子说："我是爸爸。"然后用手指着孩子问："你是谁?"他很可能回答："你是冬冬。"这是因为他还没学会"你"和"我"是对等的，把"你"当指示代词用了。至于小孩儿说事情，老是重复人名而不知道利用"他"，例如"康康不好，康康会骂人，康康骂我'小胖子'"，那就更常见了。据研究病理语言学的人说，患失语症的人很多是在初级阶段就搞混了人称代词的。

附带说一点："人称代词"这个名称似乎是从日本传来的（我可没考证过）。严复在《英文汉诂》里称之为"三身代词"，我看比"人称代词"好，因为第三人称有时候不指人而指物（"它"）。

二六　有感

新年已入，旧岁未除，养疴多暇，浮想纷呈。有感无题，漫成二首，词虽谫陋，意则真诚。1992 年 1 月 6 日。

一

黄山秀丽华山险，

万物生来不一般。

画虎类猫猫类虎，

心如素纸实艰难。

二

文章写就供人读，

何事苦营八阵图？

洗尽铅华呈本色，

梳妆莫问入时无。

二七　多事和省事

1990 年 3 月 5 日《人民日报》第八版登出巴金祝贺萧乾八十生辰的信，上款是"炳乾"，下款是"芾甘"。有编者附注："芾甘为巴金的字"。

照此一注，写信的人姓巴名金，字芾甘。可是谁在什么地方看见过"巴芾甘"没有？没有。可见此说不确。事实是，此人姓李名尧棠，字芾甘，巴金本是他写作的时候用的笔名，现在用开了，在一般场合也用了，只有在跟很熟的人写信的时候还用"芾甘"署名。从来没有见过"巴芾甘"，跟从来没有见过"鲁豫才"、"茅雁冰"是一个道理。

可见这一注倒注出问题来了。同时，对"炳乾"又为什么不加注呢? 这真是多一事不如少一事。可也有该多事反而省事的情况。

在早四天即 3 月 1 日的《人民日报》第五版上登了一篇陈沂同志写的《两个文明一起抓 —— 访无锡县洛社镇》。文章一开头就说:"江苏无锡县洛社镇历史悠久,宋《毗邻府志》即有记载……"这就需要编辑同志多点事儿而不是省点事儿了。这《毗邻府志》的"邻"当然不是"天涯若比邻"的"邻",而是地名"毗陵"的"陵"之误。"毗陵"又写作"毘陵",是个地名,查《辞海》(1979 年版),有"毗陵"一条:毗陵①古县名……西汉置县……西晋曾为毗陵郡治所。②郡名。晋太康二年置……永嘉五年改名晋陵。这说明"毗陵"从来没有用作府名过。一般都知道,"毗陵"是"常州"的别名,因为早先的毗陵郡的辖境大致相当于后来的常州府,尤其是因为毗陵郡的治所即后来的常州府治所武进县,即现在的常州市。

"毗陵"既然没有做过府名,哪里还能有"府志"呢? 陈沂同志这句话一定有个来源,编者如果多个心眼儿,写信问陈沂同志,就会把事情闹清楚了。

有人要说:"照你这么一说,报刊的编辑可不好当了。"我的回答是:"谁说编辑好当来着!"

二八　苏东坡和"公在乾侯"

丁传靖辑《宋人轶事汇编》564 页有一则：

> 刘十五孟父论李十八公择草书，谓之"鹦哥娇"，谓鹦鹉
> 能言不过数句，大率杂以鸟语。十八其后少进，以书问仆，
> 仆答之曰："可以作秦吉了矣。"然仆此书亦有"公在乾侯"之
> 态也。(《志林》《侯鲭录》略同)

《志林》，我有涵芬楼印本和中华书局点校本，都不载这一
条，殆丁氏误记，《侯鲭录》我手头没有，不能核对。但是看文字
的风格，出自东坡之手没问题，大概是给人写字的跋语。这一小
段文字，别处不难懂，只"公在乾侯之态"不好懂。查《辞源》
117 页，"乾侯，地名，春秋晋邑。《春秋》昭二八年，'公如晋，次
于乾侯'；注：乾侯在魏郡斥丘县。晋境内邑。"这跟写字有什么
关系呢？不解决问题。而且"公如晋，次于乾侯"跟"公在乾
侯"字样也不同。查《大汉和辞典》卷 1，398 页，"乾侯，地
名，春秋时晋邑。《左传》昭二五年，'公在乾侯'，又二八年，

'公如晋，次于乾侯'"（注同《辞源》）。查昭二五年《春秋》经文："有鸲鹆来巢"，《左传》："'有鸲鹆来巢'，书所无也……童谣有之，曰：'鸲之鹆之，公出辱之。鸲鹆之羽，公在外野，往馈之马。鸲鹆跦跦，公在乾侯，徵褰与襦。鸲鹆之巢，远哉遥遥，裯父丧劳，宋父以骄。鸲鹆鸲鹆，往歌来哭。'童谣有是，今鸲鹆来巢，其将及乎！"杜预注："跦跦，跳行貌。"按：鸲鹆即秦吉了，也就是八哥，八哥生活在南方，现在来到鲁国并且做窝。因为从前没有过这种事情，所以《春秋》记上一笔。《左传》加以解释："书所无也"，然后引童谣，说这不是好兆头。鲁国的国君逃到晋国的地方，还能是好事情？但是苏东坡并不管这些，他只管杜注："跦跦，跳行貌。"这么一抖搂，才明白苏东坡的意思。他写的是"公在乾侯"，却要你理解为"鸲鹆跦跦"。敢情他老人家发的是密码电报。

这就叫做"隶事"、"用典故"，魏晋以后的文人就讲究这一套。不过典故的透明度也有大有小。像"覆巢之下，焉有完卵"，尽管您不知道这是孔融被捕的时候他的儿子说的话，可是一望而知它是什么意思。这个透明度最大。又如郑玄家里的奴婢都读书，有一个婢女做错了事，还要争辩，被推在泥地，另外一个婢

女走过，说："胡为乎泥中？"先头那个婢女说："薄言往愬，逢彼
之怒。"尽管您不知道这两个婢女说的是《诗经》里边的诗句，
您还是能懂得她们的大概意思。这里的透明度也还不小。可是像
苏东坡的"公在乾侯之态"，那就非跟他同样博洽的人就只能干
瞪眼了。到了今天，透明度大的典故多一半已经取得成语的资
格，有人用，也有地方查；透明度不大的典故，已经不再出现在
现代人的文章里了。阿弥陀佛！

　　且慢！现在也还有人喜欢搬弄典故，可是实在不甚了了，搬
错了也不知道。只说我最近看见的两个例子。一个是"士别三年
便当刮目相看"。按：这句话的出处是《三国志·吴志·吕蒙传》
裴注引《江表传》，原来的话是"士别三日，即更刮目相待"。三天
前后，大不相同，这才显得进步很快。都三年了，还值得一夸？
另一个例子是"光阴似水流年"。且不说这"似水"二字不能既属
前又属后，但说这"似水流年"的出处。这四个字出在《牡丹
亭》里有名的《惊梦》这一出，全句是"则为你如花美眷，似水
流年"，是柳梦梅对杜丽娘说的。这就不是一般的说岁月如流，而
是含有少女芳华易逝的意思在内的。可是我摘引的这六个字是用
在纪念一位已故的老女作家的座谈会的报道里的。总之是确实现

在还有人喜欢胡搬乱套。

苏东坡的"公在乾侯"让我想起《儿女英雄传》里的一个笑话（见于第 33 回，人民文学出版社 1983 年本 653—654 页），抄下来以博一噱。

有这么一个人，下得一盘稀臭的臭象棋。见棋必下，每下必输。没奈何，请了一位下高棋的跟着他，在旁边支着儿。那下高棋的先嘱咐他说："支着儿容易，只不好当着人直说出来。等你下到要紧地方儿，我只说句哑谜儿，你依了我的话走，再不得输了。"这下臭棋的大乐。两个人一同到了棋局，合人下了一盘。他这边才支上左边的士，那家儿就安了个当头炮。他又把左边的象垫上，那家又在他右士角里安了个车。下来下去，人家的马也过了河了，再一步就要打他的挂角将了。他看了看，士是支不起来，老将儿是躲不出去，一时没了主意，只望着那支着儿的。但听那支着儿的说道："一杆长枪。"一连说了几遍，他没懂，又输了。回来就埋怨那支着儿的。那人道："我支了那样一个高着儿，你不听我的话，怎的倒埋怨我？"他说："你何曾支着儿来着？"那人道："难道方才我没叫你走那步马吗？"他道："何曾有这话？"那人急了，说道："你岂不闻：'一杆长枪通天彻地，地下无人事不成，城里大姐去烧香，乡里娘，娘长爷短，短长捷径，敬德打朝，朝天镫，镫里藏身，身家清白，白面潘安，安安送米，米面油盐，阎洞宾，宾鸿捎书雁南飞，飞虎刘庆，庆八十，十个麻子九个俏，俏冤家，家家观世音，因风吹火，火烧战船，船头借箭，箭对狼牙，牙床上睡着个小妖精，精灵古怪，怪头怪脑，恼恨仇人太不良，梁山上众弟兄，兄宽弟忍，忍心害理，理应如此，此房出租，出租的那所房子后院儿里种着棵枇杷树，枇杷树的叶子像个驴耳朵，是个驴子就能下马。'你要早听了我的话，把左手闲着的那个马别住象眼，垫上他那个挂角将，到底对挪了一步棋，怎得会就输？你明白了没有？"那下臭棋的低头想了半天，说："明白可明白了。我宁可输了都使得，实在不能跟着你'二鞑子吃螺蛳'，绕这么大弯儿！"

二九 剪不断，理还乱

—— 汉字、汉文里的糊涂账

早些天觉得人不太舒服，躺着休息，找些旧报纸来解闷儿。

一翻翻到一张 1990 年 8 月 14 日的《人民日报·海外版》，看看旧新闻，挺有趣。忽然发现在第三版上有一条新闻的文字有问题。这条新闻的标题是《北京整顿字画市场》，里边有这么两句：

> 大量的伪劣字画竞相充斥市场……爱新觉罗·敏峘先生否认本家族中没有毓龙、兆裕此人，至于他们的字画，纯系伪造。（为了排印方便，原来的繁体字改用简体。下同。）

"充斥市场"好懂，前边安上个"竞相"就不好懂了。"本家族中没有毓龙、兆裕此人"，没有就是没有了，可又加以"否认"，那么究竟是有还是没有呢？"毓龙、兆裕此人……他们的字画……"，既是"此人"，那毓龙兆裕是一个人，可又有"他们"，那就只能是两个人，不知道究竟是一个人还是两个人。

接着在第四版上有一篇报道一位教授研究《越绝书》的，里边有一句是：

> 对该书形式、内容、语法、体例等逐一进行系统研究，并将之与《春秋》《汉书》及历代方志作了比较。

这"将之与"当然就是"拿来和"的意思了，可为什么要写成"将之与"呢？要用现代汉语，应该是"拿来和"；要用古代汉语，应该是"以与"；前面有"并"，那就连"以"字也不要，"并与"就行了。

第五版上有一条记内地在香港进修人员的座谈会，里边有一句：

> 我们在这里可以搭起友谊的桥樑。

查《辞海》，"樑"是房梁的"梁"的异体字，桥梁的"梁"从来不加"木"旁。

第六版上又有一个类似的问题。在记古巴女排来到北京的一条新闻里有一句是：

> 在首都机场，她向中国关心她的球迷表示，她的腿伤已痊瘉。

这里边的"瘉"字是"愈"字的后起的异体字。

1955 年文化部和文改会联合发布的整理异体字的通知里说：从 1956 年 2 月 1 日起，全国出版的报纸、杂志、图书一律停止使用表中括弧内的异体字。翻印古书可作例外。这作废的异体字里边就有这个"瘉"字和前边讲的"樏"字。

第八版上有一篇讲苏州的宝带桥的特写，里边有一句：

苏州的宝带桥……建有五十三个桥孔……这在国内造桥史上还是先例。

"先例"这个词没有这样的用法。"还是先例"应该是"还没有先例"。

看了这张旧报，触动了早就在脑子里折腾的关于汉字和汉文的问题。我说"汉文"，不说"汉语"，不是说谁说话都那么美好，只是因为说话如果不记录下来，影响不大，记录下来那就是"汉文"了。

汉字有什么问题呢？早年间，就说是百儿八十年以前吧，人们在公开场合写的字有一定标准，印书印报更不能马虎。可是汉字的笔划实在太多，所以很早就有所谓俗字，也就是"手头字"。

但是这些字只能在私下流通，不能用于正式文件，更不能用来印书，除了在民间流通的唱本之类。这不但对于人民大众很不方便，对于国家普及识字教育也增加了困难。所以中华人民共和国成立不久，国务院就公布了一批简化字，作为正式应用的文字。这些字的繁体只用来印古书，以及供书法家挥毫。同时也把许多字的异体淘汰了。这样，汉字之中有一部分字只有一种写法；有一部分有繁体和简化两种写法，以简化为正式通用的写法，繁体的写法加以限制；没有字有三种写法。人民大众也都以为这样好，遵照执行。

如此相安无事有将近十年。忽然来了个"文化大革命"，大字报满天飞，什么稀奇古怪的字都出现了。连文字改革委员会这样的国家专管单位，在造反派的压力下也公布了第二批简化字，有的字简化得面目全非。虽然不久就停止试用以及最后正式报废，但是所起的消极作用已经相当广泛。现在大街小巷到处都能见到不合法的简写字。

同时，已经不作为通用字体的那些繁体字也静极思动。以香港影片的进口为契机，繁体字开始出现在银幕上，接着又出现在电视屏幕上，于是大为时行。于是大街小巷看到的汉字是繁繁简简，五光十色，有时连书刊上也不免出现混乱。《人民日报·海外版》是用繁体字排印的，可是记者、编辑，以及投稿人，不见得都在文字之学（不是专门意义的"文字学"）上下过功夫，抱定"多两笔比少两笔更保险"的信念，于是出现了"桥樑"和"痉瘲"。

讲过汉字，再讲汉文。汉族人写文章，远的不说，从春秋战国算起，到本世纪初为止，二千几百年，基本上是一个格式，通称叫做文言。都20世纪了，还按着二千年前老祖宗的模样写，实在混不下去了，于是来了个白话文运动，作为"五四"运动的一个组成部分。经过三十多年的斗争，白话文终于胜利了，取得了统治的地位。可是白话文原来只是用来写写小说什么的，一旦要它主持大局，照顾全面，免不了缺这少那，只好四面八方取经。无论是词汇，是语法，都得实行"拿来主义"，从外国语拿，从文言拿。文言有二千多年的历史，词汇丰富，成语、典故多，白话文在这方面取精用宏，确实得益不少。可是现在离白话文取得全面胜利已经差不多半个世纪了，小时候受过文言训练的人越来越少了。多数人对文言词语的意义和用法了解得不够，往往只是人云亦云，用错了也不知道错。像上面引的"先例"的例子，"竞相充斥"的例子，都属于这一类。还有另外一类例子，不能说是误用，只能说是滥用；不是不明词义，而是由于记得几个文言字眼，也不管妥帖与否，胡乱堆砌。下面是我早些时候在一本档次不低的刊物的开卷第一面上抄下来的句子："却使我终卷之后近一周的时间怅然若失，颇为悚然"；"甚而声泪俱下，泣不成声"；"绝无鲁迅先生的尖锐和犀利"。凡此种种，是不是都可以叫做历史的包袱？至于"将之与"，那又是另一回事。我一直有这么一个印象，就是报纸上的纯粹新闻报道，也就是特写、小品等等以外的文字，总是不肯用"他、她、它"，非用"之、其"不可；不肯用"把"，非用"将"不可，如此等等。真是不懂为什么。于是就出现了"将之与……比较"、"逼其交出"、"送其回家"之类的怪物。

这是事情的一个方面。另一方面又有乱用外来词语以及独家制造、谁也不懂的名词术语问题，牵丝攀藤一连五六行谁也断不开句读的问题。这些今天都不谈，反正大家都领教过。

总之，汉字里边的乱写混用，汉文里边的食古不化、食洋不化，是当前叫人头痛的两个问题。

听说汉字和汉文将要在21世纪走出华人圈子，到广大世界去闯荡江湖，发挥威力，这真是叫人高兴可庆可贺的事情。不过我总希望在这20世纪剩下的十年之内有人把它们二位的毛病给治治好再领它们出门。这样，我们留在家里的人也放心些。

图书在版编目（CIP）数据

语文杂记／吕叔湘著. —2 版. —北京：生活·读书·
新知三联书店，2018.11
（中学图书馆文库）
ISBN 978 - 7 - 108 - 06394 - 6

Ⅰ.①语… Ⅱ.①吕… Ⅲ.①汉语－文集 Ⅳ.① H1-53

中国版本图书馆 CIP 数据核字（2018）第 196322 号

责任编辑　王振峰
装帧设计　康　健
责任印制　卢　岳
出版发行　**生活·讀書·新知** 三联书店
　　　　　（北京市东城区美术馆东街 22 号 100010）
网　　址　www.sdxjpc.com
经　　销　新华书店
印　　刷　北京市松源印刷有限公司
版　　次　2008 年 11 月北京第 1 版
　　　　　2018 年 11 月北京第 2 版
　　　　　2018 年 11 月北京第 4 次印刷
开　　本　787 毫米 × 1092 毫米　1/32　印张 9.625
字　　数　158 千字
印　　数　25,001 - 35,000 册
定　　价　38.00 元
（印装查询：01064002715；邮购查询：01084010542）